Xiao Gang Langhua

小港浪花

邓焕彬 著

人民交通出版社股份有限公司
China Communications Press Co.,Ltd.

内 容 提 要

本书收集了笔者近年来关于地方综合交通运输发展的思考和研究文章，主要包括综合交通运输体系、交通一体化、转变交通运输发展方式、轨道交通、高速公路、港口等规划、建设和发展方面的内容。对广东及惠州交通港口发展的有关问题认真思考，提出了一系列发展策略建议；特别是对惠州港抓住“一带一路”的国家战略机遇，参与建设21世纪海上丝绸之路进行了深入研究，提出了相应的落实措施。

本书立足于交通港口行业，从解决实际问题出发，理论联系实践，观点具有一定的前瞻性，措施具有一定的参考性，可供综合交通系统特别是港口行业管理人员参考借鉴。

图书在版编目(CIP)数据

小港浪花／邓焕彬著．—北京：人民交通出版社股份有限公司，2014.11

ISBN 978-7-114-11824-1

Ⅰ.①小… Ⅱ.①邓… Ⅲ.①交通运输业-惠州市-文集 Ⅳ.①F512.765.3

中国版本图书馆CIP数据核字(2014)第251646号

书　　名：小港浪花
著 作 者：邓焕彬
责任编辑：刘永芬
出版发行：人民交通出版社股份有限公司
地　　址：(100011)北京市朝阳区安定门外外馆斜街3号
网　　址：http://www.ccpress.com.cn
销售电话：(010)59757973
总 经 销：人民交通出版社股份有限公司发行部
经　　销：各地新华书店
印　　刷：北京市密东印刷有限公司
开　　本：720×960　1/16
印　　张：13.5
字　　数：192千
版　　次：2014年11月　第1版
印　　次：2014年11月　第1次印刷
书　　号：ISBN 978-7-114-11824-1
定　　价：40.00元

序

夸父追日，追逐梦想！梦想是未来的希望，精神的支柱，行动的目标，前进的动力，激起澎湃人生，留下难忘足迹。

一、梦之源

北京奥运“同一个世界，同一个梦想”，国家有“中国梦”，惠州有“进二梦”，我也有“港口梦”！

遥想当年青春年少，清华读书期间，思考人生未来之路，想为国家、为家乡多做贡献，实现人生价值。20世纪90年代初，惠州港一炮惊醒梦中人，我领悟到了港口对经济发展的龙头作用，由此做起了港口梦。为此，我毅然决定选择港口专业，作为我服务家乡、贡献社会的落脚点。“80年代看深圳，90年代看惠州”的豪言壮语下，惠州港把我吸引到了惠州这片热土，来到了惠州交通港口行业，可以说没有惠州港也许我不会回到惠州，也许在北上广深、也许在国外。

二、梦之径

为了追梦，干一行爱一行，爱一行专一行，我在惠州交通港口行业一呆就是22年，活学活用，发挥智慧，创新性开展工作，得到同行普遍认可，并形成一定的影响力。我主持或参与了惠州所有交通规划和发展战略研究，对国家和广东省的交通发展策略进行认真研究和分析，精心谋划惠州交通和港口发展的良策，对惠州交通港口行业发展状况了如指掌，对广东省和珠三角交通发展方向也成竹在胸。

正在我冥思苦想惠州港发展策略之时，习近平总书记提出“一带一路”的国家战略构想，我认识到这是惠州港发展的最佳良机，于是在惠州日报、市委决策参考、惠州经济、市政协社情民意等多种媒体积极向市委市政府建言献策,提出地方发展应当与国家和省的战略相结合,争取将国家和省的战略落到本地,可以借力加快地方发展,事半功倍实现区域经济和社会发展目标。将惠州港打造成为21世纪海上丝绸之路桥头堡,就是惠州市抓住机遇落实国家和省战略,建设环大亚湾新区实现“进二”目标,最实在的抓手,最可行的措施,也是圆“亿吨大港梦”的最佳途径。

三、梦之旅

为了追梦,这几年我着重做三件事:一是抓规划,二是抓建制,三是抓落实。抓规划就是抬头看路,认真研判国内外港口发展形势和政策,把握港口发展的方向,寻找促进港口发展的策略和方法。抓建制就是建章立制,形成长效机制。健全完善港口管理体制,港口的建设和管理需要规矩,大家依法行政,按章办事,才能保证港口发展不偏不倚,步入正轨。抓落实就是实实在在的干,看准的计划好的事项狠抓落实,踏石留印、抓铁有痕,干一项成一项,梦想就会越来越近。总之,要做成任何事情必须有目标、有思路、有计划、有行动,才能有成果。

四、梦之圆

惠州港天生丽质,有着3亿吨的潜质,前程美好。但虽经过20年多年发展,从港口公共物流角度来看,现仅有1000来万吨的吞吐量,仍是小港,确实委屈惠州港。究其原因,天时地利人和也。港口在环大亚湾新区的三大产业(石化、港口、旅游)中仅列第二,甚至仅是第三;在全国乃至全省来看也仅是地方重要港口,人力、物力和政力与作为第一产业的港口城市相比相距甚远,圆梦之旅任重道远。但相信以港口无可替代的潜质,港口发展是必然的,总有一天会实现梦的理想!

在地方交通港口行业摸爬滚打20余载,犹如小港浪花,稍纵即逝。2014年6月25日,为摸索打造21世纪海上丝绸之路桥头堡之路,我到中山大学拜访岭南文化泰斗、珠江文化研究会会长、广府学会会长、广东省海上丝绸之路研究开发项目组组长黄伟宗教授，向黄老请教海上丝绸之路文化传承问题时，黄老指出“人的生命是有限的，躯体会腐朽的，但精神是不朽的，文化是可以传承的”，把思想化为文字，把思路化为文章，于己自赏于人摹样，人生也不虚走一趟。受其启发，将几年来在惠州交通港口行业探索思考和开垦耕耘激起的浪花，通过铅与火，凝固成块，不怕献丑于世，只求不误他人。

本书主要汇编了笔者在地方交通规划建设和发展上工作探索和思考的点滴收获和成果，只是个人之见，仅供读者参考。本书凝聚着我5+2，白+黑的汗水，更蕴含着全体惠州交通港口人的智慧，在此对支持和伴随我一路走来的同事、老师、同学和亲戚朋友一并表示衷心感谢！

本书成书仓促，时间较紧，错漏难免，敬请各位读者批评指正！

邓焕彬

2014年9月

目录

三

一　广东省和珠三角交通发展的建议

关于珠三角交通一体化的建议

交通一体化,就是从区域经济一体化发展的客观要求出发,打破行业条块分割和行政区划限制,统筹协调区域内各种运输方式的规划、建设和管理,实现区域交通运输资源的优化配置和综合利用,以发挥各种运输方式的比较优势和综合运输体系的整体优势,提高区域交通运输总体效益和服务水平的动态过程。

交通一体化,是区域经济一体化发展的基础和客观要求,是各种交通运输方式协调发展的必然结果。目前,珠江三角洲地区交通一体化发展基础条件较好,一体化发展要求最为迫切。这里所指的珠江三角洲地区包括:广州、深圳、珠海、佛山、肇庆、惠州、东莞、中山、江门共9个市,广义的珠江三角洲(所谓大珠江三角洲)还包括香港和澳门两个特别行政区。

2008年底,国务院批准了《珠江三角洲地区改革发展规划纲要(2008—2020年)》(以下简称《纲要》),明确要求珠江三角洲地区要按照统筹规划、合理布局、适度超前、安全可靠的原则,加大交通基础设施建设,大力推进区域交通基础设施一体化发展,形成网络完善、布局合理、运行高效、与港澳及环珠三角地区紧密相连的一体化综合交通运输体系,使珠三角地区成为亚太地区最开放、最便捷、最高效、最安全的客流和物流中心。

为贯彻落实《纲要》,促进珠江三角洲地区形成资源要素优化配置、地区优势充分发挥的协调发展新格局,本文在综合相关研究成果,及分析珠江三角洲地区交通运输发展现状、一体化发展的趋势以及存在的突出问题的基础上,提出推进珠江三角洲地区交通一体化发展的若干对策建议。

一、珠江三角洲地区交通运输现状

改革开放30年来,珠江三角洲地区交通基础设施建设取得巨大成就,彻底改变了过去倚重水运的运输格局,形成了以公路运输为主体多种运输方式共同发展、相互衔接、功能层次较为齐全、联系港澳及辐射环珠三角地区的综合交通运输体系，初步适应了国民经济和社会发展的需要。

到2008年底，全区公路通车里程约达5.3万公里，其中高速公路约2100公里，分别占全省25%和55%，公路密度约为98.34公里/百平方公里，形成以广州为中心，高速公路和国道为骨架，省道和县乡公路为基础的公路交通网络，高速公路已基本覆盖珠三角地区所有县(市)。

铁路运营里程约580公里，占全省铁路运营里程的31%，铁路密度1.35公里/百平方公里，是全省平均水平的1.3倍，形成以广州为中心，以京广、京九、广深、广茂为主要干线的铁路骨架；武广、厦深、贵广、南广、广深港等干线铁路及广佛、广珠、穗莞深、莞惠、广清城际线等珠江三角洲城际轨道交通网络正在加快建设。

港口和航道建设方面，形成了以广州港、深圳港、珠海港为主要港口，惠州港、虎门港、中山港、江门港为重要港口的分层次港口发展格局。2008年，港口货物吞吐量和集装箱吞吐量分别约为8亿吨和3900万TEU，分别占全省的82%和96%，形成了以珠江三角洲千吨级航道为骨干的内河航道网络，主要港口主航道均能满足5万吨级船舶通航要求。

民航机场建设方面，初步形成了以白云机场为枢纽，深圳机场为干线机场，珠海、佛山机场等为支线机场，辐射全国的民航运输格局。2008年，珠江三角洲机场旅客吞吐量和货邮吞吐量分别为5641万人次和130万吨，分别占全省的98%和99%。

城市交通和枢纽建设方面，广州、深圳、东莞等城市轨道交通及交通枢纽建设进一步加快。目前，广州、深圳市地铁营运里程分别达116公里、22公里；广州、深圳、珠海等城市交通枢纽建设进一步加强，客货场站正向大型化、综合化和枢纽化方向发展。

但是，珠江三角洲地区的综合交通运输体系总体上还存在着以下不足：

交通基础设施规模总量不足，网络布局不完善。广深高速公路、莞深高速公路、广佛高速公路、京广铁路等区内主要交通通道处于饱和或超饱和状态；城市间的快速轨道交通网络尚未形成；连接珠江口东西两岸的运输通道少，交通联系薄弱。

各种运输方式之间的衔接不够紧密，整体综合运输效率不高。主要表现在综合枢纽规划建设滞后，各种运输方式衔接不够紧密；城市交通与城际交通衔接不足，城市交通拥堵日益严重；机场、车站与城市道路、城市轨道交通的衔接不够紧密，旅客换乘不便捷；铁路、高速公路与主要港口之间衔接滞后。

交通运输管理体制不适应运输一体化发展要求。由于目前各种运输方式仍然是分专业管理为主，造成了各种运输管理部门条块分割，缺乏应有的协调机制，不能适应一体化的要求。

二、珠江三角洲地区交通一体化发展趋势

（一）轨道交通对珠三角区域综合交通运输体系产生重大影响

轨道交通建设加快，并向网络化方向发展，为珠江三角洲地区的交通运输结构带来革命性的变化。尤其是珠江三角洲地区城际轨道交通线网的规划和加快推进，将深刻改变珠江三角洲地区居民的出行方式。根据国家发改委批复的《珠江三角洲城际轨道交通规划（修编）》，到2020年，建成线网总长约1480公里，基本形成"三环八射"的城际轨道交通网络架构，并以此为骨干形成区域快速公交走廊。普通铁路、客运专线以及城市地铁都将有较大的发展空间。预计，2020年珠江三角洲地区轨道交通线网总里程将达到4000公里左右。因此，铁路、城际轨道与城市地铁之间的衔接以及轨道交通与其他运输方式的有效衔接将成为一体化发展的重点。

（二）城乡一体化进一步深化

随着城镇化水平的不断提高，珠江三角洲地区的公路逐渐融入城市功能，部分或全部变为城市道路。这种趋势已经存在许多年，但还会随着城镇化水平的提高进一步强化。城乡之间的界限逐步淡化，消除城乡二元体系的条件逐步成熟。

（三）重大枢纽节点辐射范围增大

各自以行政中心为核心相对封闭的交通网络逐渐变为以大都市圈核心城市为中心的开放式交通网络，重大枢纽节点的辐射功能更强，辐射范围更广。各市都必须突破本市的范围，依托区域内重要港、站枢纽和运输通道进行交通网络的布局。例如，广州新机场、广州铁路新客站、南沙港等都对周边各市的交通规划产生了重要影响。这样城市与城市之间的屏障逐渐被打破，一体化发展的格局正在形成和强化。

（四）综合运输的需求进一步提高

各种运输方式的有效衔接问题越来越突出，单纯依靠某一种运输方式完成

运输任务的比重逐渐下降,综合运输的优势进一步突显。例如,旅客从广州到武汉,以前主要依靠铁路和公路运输,部分利用民航;现在武汉至广州的高速铁路开通,其速度优势就显现出来,选择公路客运的人就会明显减少。但所有骨干运输方式都离不开其他运输方式为其集疏运。这就要解决好各种运输方式的有效衔接。从提高运输组织效率,减少对资源环境的占用,越来越需要考虑多式联运。这就需要解决各种运输方式和各环节之间的有效衔接,消除运输瓶颈和障碍。

(五)推进交通一体化的工作机制正在形成

目前,交通一体化的理念逐步深入人心,其重要性和必要性已被广泛接受,推动交通一体化的力量不断增强,推进交通一体化的工作正在深入开展。各市都在积极开展综合交通规划的研究和编制工作,不同层次的推进交通一体化的协调机制正在形成和不断完善。

三、制约交通一体化发展的主要因素和突出问题

(一)显著差异化是制约交通一体化的客观因素

目前珠三角地区虽然总体经济发展水平较高,但其内部在发展水平上存在着巨大的差异(表1)。从经济发展水平上来看,珠江三角洲九市大致可分为二个层次:中部的广州、深圳、珠海、佛山、东莞、中山为第一层次,人均GDP高于50000元,折合7000美元以上,属于经济较发达城市;而两翼的惠州、江门、肇庆为第二层次,人均GDP低于50000元,甚至低于全省平均水平,属于经济欠发达城市。明显的差异化存在制约了交通资源的自由流动、运输市场的全面开放、基础设施的有效对接。这就好比一道水闸,如果闸门两侧水位一致或相差不大,打开闸门水面就会很平静,不会造成冲击。相反如果水位差很大,一但打开闸门就会造成巨大冲击。例如,对于出租车跨市经营,由于各市的出租车经营在运价、规费和客源等方面均存在较大差异,如果允许跨市经营,势必会出现以下情况:欠发达城市的出租车到发达城市去争抢客源,造成发达城市出租车运力过剩而欠发达城市出租车力运力不足;如果各市统一运价、规费标准,势必又会提高欠发达城市居民的负担。如果各城市发展水平差异明显,发展要求不同,建设实力上悬殊,建设上不能同步,协调工作难度大,势必会影响区域交通一体化的推进。在路网的衔接方面,发达城市道路规划标准高,融资能力强,而欠发达地区规划标准低,融资能力弱,因而在路网规划建设的衔接上经常会出

现“一头冷一头热”,“一头粗一头细”的情况,甚至出现“断头路”情况。

珠江三角洲地区九市发展差距比较 表 1

城市	土地面积	常住人口	GDP	人均GDP	折合美元	公路总里程	公路密度	二级以上公路里程	二级以上公路比例	汽车保有量	每千人汽车拥有量
	(km^2)	(万人)	(亿元)	(元)	(美元)	(km)	($km/100km^2$)	(km)	(%)	(辆)	(辆/千人)
广州	7434	1018.2	8215.82	81233	11894	8781	118.12	2262	25.8	1171731	115.1
深圳	1953	876.83	7806.54	89814	13150	1990	101.89	1554	78.1	1252747	142.9
珠海	1688	148.11	992.06	67591	9896	1393	82.52	538	38.6	159745	107.9
佛山	3848	595.29	4333.3	72975	10684	5089	132.25	1976	38.8	657786	110.5
惠州	11158	392.71	1290.36	33077	4843	10468	93.82	1377	13.2	179147	45.6
东莞	2465	694.98	3702.53	53285	7802	3883	157.53	2649	68.2	701600	101.0
中山	1800	251.09	1408.52	56106	8215	1667	92.61	866	51.9	277979	110.7
江门	9541	414.27	1280.59	30973	4535	9929	104.07	1871	18.8	205207	49.5
肇庆	14856	380.29	715.85	18951	2775	10218	68.78	1343	13.1	99273	26.1
九市小计	54743	4771.77	29745.58	62644	9172	53418	97.58	14436	27.0	4752520	99.6
全省合计	179812.7	9544	35696.46	37589	5504	183155	101.86	31147	17.0	5750124	60.2

注:资料来源于《广东省统计年鉴—2009》、《广东省交通资料汇编》(2008 年)。

交通系统内部各种运输方式在发展时机、投融资模式、管理体制等方面均存在很大差异。改革开放以来,珠江三角洲地区公路和沿海港口由于市场化程度高获得了更快发展,而轨道交通建设相对滞后。珠江三角洲第一条高速公路广佛高速公路于 1989 年建成,目前高速公路已基本成网,而第一条城市地铁广州地铁一号线于 1999 年建成运营,整整晚了 10 年,城际轨道交通建设更加滞后,目前还没有一条城际轨道建成。由于轨道交通规划建设滞后,从而形成了陆上运输过分依赖于公路交通的运输格局。

虽然珠江三角洲城镇化水平较高,但仍然存在城乡二元结构,城市道路和公路分属建设部门和交通部门管理,公路客运和城市公交虽都已交由交通部门管理,但两者在技术标准、政策上有非常大的不同。比如,城市公交收费标准低,有财政补贴,可以超员;而公路客运运价较高,无优惠政策,不允许超员。目前,广州与佛山之间、惠州与东莞和深圳之间等已开通了跨市公交,对传统的公路客运造成冲击。

（二）体制性的障碍是制约交通一体化的关键

由于体制的原因形成的各种有形或无形的障碍和行业壁垒，制约交通一体化发展。现行的财政、税收、投资等方面的体制和政策都是以行政区划为基础，再加上同类项目具有不同的业主，导致区域基础设施一体化的布局建设难以到位。虽然省市已初步建立了沟通协调机制，由于没有制定相应的配套政策和利益共享机制，导致基础设施协调管理难度较大，区域性基础设施共建共享步履缓慢。这些都使得各类区域性基础设施网络难以互联互通，制约了区域基础设施一体化的发展。例如：香港和澳门特别行政区与广东省珠江三角洲地区之间存在的边境关口，以及深圳、珠海特区与内地之间的所谓二线口岸；行政区划就像一堵无形的墙；城市与农村两种体制，两种政策；相对封闭的管理体制，把铁路、城际轨道交通、公路、城市道路、城市地铁、民航等运输部门割裂开来，共同争夺本就稀缺的土地资源，导致资源利用效率不高，等等。交通运输环节还会受到空域管理、口岸、金融、保险等制约。

体制性的障碍使得交通资源不能很好地共享。如交通信息资源，珠三角各市的交通运输信息系统的软硬件建设进展程度水平不齐，同时处于各自发展的状态，无论是交通政务信息还是市场需求信息在各地间都没有良好的交流。建立统一的交通信息平台，实现交通一卡通，高速公路一网收费，使不同的用户都能享用的所需的政策、市场需求、出行信息，对于交通运输行业中的管理者、经营者和普通用户都能尽快地得到准确的交通信息，对构建交通一体化具有极为重要的意义。

公路收费站多的问题仍然突出。珠江三角洲地区收费站约占全省60%左右，且收费公路主体多元，在很大程度上降低了公路运输效率和制约一体化进程的推进。公路收费站，增加了运输环节的经济成本。

四、推进珠江三角地区交通一体化的主要对策

（一）深化对交通一体化认识和理解，形成明确的工作思路和工作目标

目前，珠三角地区对推进交通一体化的迫切性有了很好的共识基础，对存在的主要问题也有了一定程度的认识，但对交通一体化的基本内涵仍缺乏深刻的理解，所采取的措施往往比较简单化。因此非常有必要深刻理解交通一体化的基本内涵，在此基础上统一思想，找准关键问题，形成明确的工作思路和工作

目标。

（二）深化交通行政管理体制改革，建设和完善大部门管理体制

在省级交通运输主管部门的统一协调管理下，建立区域内交通运输管理协调与合作机制，推动区域内道路运输一体化发展。然而，道路运输只是整个交通运输体系的一部分，如果在珠三角区域内实现一体化的交通，还需要铁路、轨道交通、航空、水运等所有相关部门在政策和运营等方面做出更大程度的合作。

（三）系统编制珠三角综合交通运输体系规划，统筹建设交通基础设施网络

首先是做好珠三角区域综合交通运输体系规划，统筹规划区域内港口、机场、高速公路、轨道交通等的重大基础设施布局，从规划层面解决珠江三角洲地区的主要港区、民航机场、高速公路、干线公路、铁路、城际轨道交通之间的运能平衡与有效衔接，消除专项规划的欠缺。其次是以区域规划为指导，进一步做好各市的综合交通规划，重点细化综合运输枢纽布局与配套设施网络。

（四）进一步完善协调机制，促进交通运输网络的对接与共享

在现有协调机制的基础上，进一步完善协调机制，强化规划的约束力和协调机制的有效性。现有的协调机制包括联席会议制度，双边或多边沟通等，在互通信息方面已经前进了一大步，但对涉及交通一体化的关键性问题常常是议而不决，决而多变，难以落实，执行力不够。深层次的原因是责、权、利的不对等，常常表现出“皇帝不急太监急”的问题。有事权的一方往往不是主要受益者，主要的受益者又往往不具有主导能力。例如，港珠澳大桥，涉及一国两制的珠江两岸，香港是最大的受益者，但项目主要位于大陆海域。如果不是国务院大力协调和三地政府从长远利益考虑，就不可能在如此短的时间内达成实质性的协议，使项目进入实施阶段。因此，关键是要建立起责、权、利对等的区域基础设施的共建共享机制。各利益相关者能够更多地从全局和长远利益考虑，突破现有体制的约束，本着“协商、互信、务实、双赢”原则，友好协商，解决由于发展差距形成的在路网建设上“一头冷一头热”，“一头粗一头细”的情况。

（五）以综合运输通道和枢纽建设为重点，促进各种运输方式的合理分工与相互衔接

近期，建议将综合运输通道和综合运输枢纽建设作为推进珠三角交通一体化和综合交通运输体系建设的重点。综合交通运输体系的重要节点，是实现各种运输方式换乘的有效载体，同时也是目前综合运输体系建设中的薄弱环节。

要改变过去那种将各种运输功能简单拼接的做法,突破行业分隔,创新合作机制,真正按照一体化的要求进行统一规划、建设和运营管理。

(六)加强部省合作,重点解决与铁路协调难问题

广东省要加强与交通运输部和铁道部合作,以求推进交通一体化建设方面能够得到更大的支持。在各种运输方式中,与铁路的衔接难度最大,因此要特别重视加强与铁道部合作,着重解决其他运输方式与铁路协调难的问题。

(七)加快研究制定相关技术标准、规范,确保衔接顺畅、高效

例如,公路客运与公交,两者在车辆尺寸、实载率的要求不同;公路与城市道路技术规范不同,能否制定统一的道路技术规范;铁路集装箱运输与公路集装箱运输,也有差异。轨道交通的用电制式;货损率运输服务的标准等等。

(八)加大政府的协调力度和必要的财政投入,支持交通一体化项目的实施

对于跨市、跨地区交通项目的建设,省级交通运输部门应加强指导和协调,必要时给予一定资金支持,特别是主要受益方是经济欠发达地市的时候。同时由于珠三角各市经济发展不平衡,对于经济较为落后的市,给予适当的补助扶持,加快建设市际间对接项目,尽快消除市际间道路等级不匹配的差异。

加快推进珠江三角洲地区路桥收费年票制方案,最大限度地减少区域普通公路收费站,加快高速公路联网收费片区的合并,减少高速公路主线收费站。目前,珠中江三市已实现年票互认,广佛肇三市也计划将于近期实现年票互认。深莞惠三市中,深圳和惠州尚未实施年票制,推进深莞惠三市年票互认工作难度较大。建议省、市两级政府加大财政投入,解决收费公路的债务问题和人员安置问题。

(九)建设统一共享的交通信息平台

信息技术是当前交通领域发展中非常重要的一环,各市都在进行着本地的交通信息网络的建设。交通信息技术的发展日新月异,然而目前各市的交通运输信息的软硬件建设都存在各自进行、兼容性差的问题。省交通运输主管部门应当考虑整合珠三角各市的交通信息平台。对不同城市、不同的运输管理部门和不同的运输企业的交通信息系统进行整合,使整个行业的信息能够共享,数据能够共同使用,这样才能发挥交通行业信息系统的整体优势,提高整个珠三角地区交通运输行业的运作效率。

（十）建立统一的支持保障系统

作为完善的交通系统，除了正常的交通营运系统，还需配备相应的支持保障系统，如港口的打捞救助系统等。珠三角地区国土面积并不大，各市彼此之间距离也不远，各市分别建立一套支持保障系统，必然存在重复建设，规模能力难于上档次，支持保障系统利用率低的问题。非常有必要将整个珠三角地区的交通保障系统资源整合，做强做大，提高保障服务能力。

（十一）深化和提升与港澳的合作水平，促进粤港澳交通一体化发展

珠三角交通一体化，应将珠三角与港澳的一体化作为核心的内容之一。改革开放以来，珠三角地区与港澳在交通运输领域的合作取得了巨大成就，有力地促进了广东外向型经济的发展和港澳与珠三角地区的经济一体化进程。但随着港珠澳客货交流的不断扩大，对交通一体化的要求更高。现有的基础设施进一步完善粤港澳跨界交通基建协作机制，深化三地跨界交通基础设施项目合作。加快建设广深港客运专线以及广珠城际、穗莞深城际等轨道交通项目，加快推进港珠澳大桥、深圳东部过境公路、与香港西部通道相衔接的高速公路以及莲塘/香园围口岸的规划建设，增强珠江三角洲与港澳地区间快速通道通行能力。支持粤港澳三地机场、港口在运营和管理等方面开展合作，增强大珠江三角洲地区“港口群”、“机场群”的整体竞争力。

（本文为 2009 年广东省政协优秀提案）

关于加快发展珠三角城际快速轨道交通的建议

珠三角地区、长三角地区、环渤海湾地区是我国三大经济圈，既携手发展，又在不停地竞争之中。广东省经济和社会的发展主要是以珠三角为龙头带动的，若珠三角地区与其他地区的竞争失去优势，也就失去发展后劲，必然会影响全省经济和社会的进一步发展。但珠三角的九个城市现还处于“单打独斗”“各顾各”的局面，并没有形成有机整体，竞争优势并不明显。要进一步提高珠三角的竞争力，必须把珠三角九个城市“拧成一股绳”，各个城市优势互补，分工合作，才能更好地发挥后劲，继续领跑。

要把珠三角九个城市建设成为有机统一的城市群，必须依托在高速公路、城际快速轨道交通等现代化交通方式的基础之上。这几年，广东省正在大力发展高速公路，这是非常必要的。但仅仅以高速公路作为连接珠三角城市群的纽带是远远不够的，还必须加快发展珠三角城市间的城际快速轨道交通。珠三角的许多城市，城市建筑、人口、经济实力等并不比欧洲发达国家的城市差，但让人感到我们的城市现代化气息远不如欧洲发达国家的城市，一个很重要的原因就是我们的城市没有完善的轨道交通网。因此，打造完善城市轨道交通网是城市现代化的必然要求，打造珠三角城市间的城际快速轨道交通是珠三角城市群成为有机整体的必由之路。长三角地区、环渤海湾地区目前也正在打造城际轨道交通网，北京至天津的奥运城际快线已建成，上海至杭州的磁悬浮列车已提上建设日程，珠三角的竞争对手已认识到城际轨道交通的重要性，并在不断地推动发展之中。

近年来，珠三角地区灰霾天气的逐年增加，2007 年达到 75.7 天，达历史高峰，与汽车的使用有密切关系。若我们的交通还仅仅依靠汽车来运输，那么，接下来珠三角的环境问题将越来越严重，同时我们还将面临石油资源短缺的问题。轨道交通具有安全、快捷、准时、舒适、节能、环保等特点，不仅能够疏导都市区拥挤的交通，还具有引导城市开发等功能，而且是城市间便捷交通的最佳选择。

轨道交通主要有三种铺设方式:地下、架空、地面,造价是地下最贵、架空次之,地面最省。地下和架空方式是城市发展到一定阶段无奈的选择,作为城际轨道最好还是地面铺设。在土地越来越紧张,征地拆迁越来越困难的趋势下,既然发展珠三角城际轨道交通是历史的必然,那么发展珠三角城际轨道交通就宜早不宜迟,越早建设成本越低。

2007年,广东省GDP达到30606亿元,经济总量超过了亚洲"四小龙"的新加坡、中国香港和中国台湾,人均GDP超过了4000美元。全省财政总收入达7750亿元,地方一般预算收入达2785亿元,按目前的财力,广东省发展珠三角城际轨道交通完全具备足够的经济实力。

由省发改委编制完成经国家发展改革委批复的《珠江三角洲城际轨道交通规划(修编)》,是一部很好的指导珠三角城际轨道发展的重要文件,但若不去落实,恐怕最终只能成为嘴上说说的空话和墙上挂挂的空文。落实规划的关键是要有一个责任主体。一般来说,轨道交通建设是政府主导的,珠三角城际轨道交通关系到全省的发展全局,非珠三角某一城市所能为,为此建议省政府尽早牵头相关城市入股成立珠三角城际轨道发展公司,省财政每年拿出一部分钱作为资本金来建设珠三角城际轨道,规划的目标才能实现,珠三角城市群才能成为不可分割的有机整体,经济巨人将以崭新的面貌屹立在祖国的南大门。

(本文为2008年广东省政协提案)

全国沿海主要港口吞吐量与地区经济发展关系研究

一、引言

“以港兴城、以城促港、港城共荣、和谐发展”，是港口城市发展的共同规律，阐述了港口发展与所在城市地方经济发展相互促进的辩证关系。但人们对港城关系的认识往往注重在定性的层面，本文试图用计量经济学理论探讨港城发展相互促进的定量关系。

改革开放30多年来，随着我国经济和对外贸易的持续快速增长，尤其是近几年，以科学发展观为指导，国民经济和对外贸易增长更是举世瞩目，体现在沿海港口吞吐量的显著提高。全国沿海主要港口吞吐量和地方经济发展都出现了持续增长，表现在整体水平提升的同时，也出现了各个港口发展的差异性。本文采用计量经济学 panel data 模型，分析研究国内沿海主要港口经济发展的同时，考虑各个港口与地区经济发展关系的异同，分析各个港口发展对地区经济发展影响的差异，从而得到更为有效的分析结论。

为定量研究港城发展的关系，本文选取港口吞吐总量（TTL）代表港口发展水平的指标，港口所在城市的地区国内生产总值（GDP）代表地区经济发展水平的指标。

二、计量经济学理论基础及基本模型

本文研究的25个全国沿海主要港口近8年（2000—2007年）的港口吞吐量和港口所在城市的地区国内生产总值的关系，属于在时间序列上选取多个截面所得的样本数据，故采用计量经济学 panel data 模型对两者关系进行分析研究。要判断选用模型的具体形式（变截距模型，变系数模型以及动态模型），首先应进行 F 检验。F 检验基于单方程 panel data 模型的三种情形及两个假设。

单方程 panel data 模型的三种情形及两个假设：

$$y_{it}=\alpha_i+x_{it}\beta_i+\mu_{it} \qquad (i=1,\cdots,n;t=1,\cdots,T)$$

情形 1：横截面上无个体影响，无结构变化。即

$$\alpha_i=\alpha_j,\beta_i=\beta_j$$

情形 2：变截距模型，在横截面上个体影响不同，又分为固定影响和随机影响两种。即

$$\alpha_i\neq\alpha_j,\beta_i=\beta_j$$

情形 3：变系数模型，除了存在个体影响外，在横截面上还存在变化的经济结构。即

$$\alpha_i\neq\alpha_j,\beta_i\neq\beta_j$$

假设 H1：斜率在不同的横截面样本点上和时间上都相同，但是截距不相同。

假设 H2：截距和斜率在不同的横截面样本点和时间上都相同。

如果接受了假设 H2 则检验停止，采用情形 1 的模型；如果拒绝了假设 H2，则应继续检验假设 H1，判断斜率是否都相等。如果拒绝假设 H1，则应采用情形 3 的模型；如果接受假设 H1，则采用情形 2 的模型。在确定模型类型之后，进行参数估计，建立模型。

三、数据采集

本文共选取了 2000—2007 年上海港、青岛港等 25 个全国沿海主要港口的吞吐量（TTL）和上海市、青岛市等 25 个全国沿海主要港口所在城市的国内生产总值（GDP）的 200 组数据，同时采用城镇居民消费指数 CPI 消除 GDP 中价格影响因素，原始数据见表 1、表 2。

沿海主要港口总吞吐量一览表（单位：万吨）　　表 1

代码	港口名称	2000 年	2001 年	2002 年	2003 年	2004 年	2005 年	2006 年	2007 年
SH	上海港	20440	22099	26384	31621	37896	44317	47034	49226
NB	宁波港	11547	12852	15398	18543	22586	26881	30969	34519
GZ	广州港	11128	12823	15324	17187	21520	25036	30282	34325
TJ	天津港	9566	11369	12906	16182	20619	24069	25760	30946
QD	青岛港	8636	10398	12213	14090	16265	18678	22415	26502
DL	大连港	9084	10047	10851	12602	14516	17085	20046	22286

续上表

代码	港口名称	2000 年	2001 年	2002 年	2003 年	2004 年	2005 年	2006 年	2007 年
QHD	秦皇岛港	9743	11302	11167	12562	15037	16901	20356	24880
SZ	深圳港	5697	6642	8767	11220	13537	15351	17598	19994
SUZ	苏州港	3048	3536	4837	6282	9060	11919	15403	18377
NJ	南京港	6679	5789	6108	6620	9589	10686	10090	10859
ZS	舟山港	3189	3281	4068	5722	7362	9052	11418	12817
RZ	日照港	2674	2933	3136	4507	5108	8421	11007	13063
NT	南通港	2748	3511	3746	5010	7692	8327	10949	12339
YK	营口港	2268	2520	3127	4009	5978	7537	9477	12207
FZ	福州港	2426	2961	3907	4753	5939	7432	8849	6433
LYG	连云港港	2708	3058	3316	3752	4352	6016	7232	8509
ZHJ	镇江港	2153	2216	2630	3046	4839	5848	6415	7824
XM	厦门港	1965	2099	2735	3404	4261	4765	5955	8117
ZJ	湛江港	2038	2205	2627	2866	3780	4647	5664	6075
YT	烟台港	1774	2190	2689	2936	3431	4506	6076	6999
ZH	珠海港	1239	1982	2308	2470	3211	3433	3560	3713
WZ	温州港	859	1314	1676	2338	2629	3097	3275	3496
HK	海口港	808	888	1073	1329	1416	2118	2127	2373
FC	防城港	923	1003	1162	1320	1608	2006	2506	3032
ST	汕头港	1284	1309	1380	1470	1576	1735	2015	2256

注:数据摘自交通运输部网站和笔者多年的统计资料。

沿海主要港口城市 GDP 一览表(单位:亿元)　　表 2

年份 城市	2000	2001	2002	2003	2004	2005	2006	2007
CPI(%)	100.4	100.7	99.2	101.2	103.9	101.8	101.5	104.8
上海市	4771.17	5210.12	5741.03	6694.23	8072.83	9164.10	10366.37	12188.85
宁波市	1144.57	1278.75	1453.34	1749.27	2109.45	2449.31	2874.44	3433.08
广州市	2492.74	2841.65	3203.96	3758.62	4450.55	5154.23	6073.83	7050.78
天津市	1701.88	1919.09	2150.76	2578.03	3110.97	3697.62	4359.15	5018.28
青岛市	1191.25	1368.55	1583.51	1869.44	2270.16	2695.82	3206.58	3786.52
大连市	1110.80	1235.60	1406.00	1632.60	1961.80	2150.00	2569.70	3131.00

续上表

城市 \ 年份	2000	2001	2002	2003	2004	2005	2006	2007
秦皇岛市	263.13	284.84	314.15	361.66	430.28	491.15	571.56	665.08
深圳市	2187.45	2482.29	2969.52	3585.72	4282.14	4950.91	5813.56	6801.57
苏州市	1540.28	1760.28	2080.37	2801.56	3450.00	4026.52	4820.26	5700.85
南京市	1020.00	1154.00	1295.00	1576.20	1910.00	2413.00	2773.78	3275.00
舟山市	121.57	134.38	157.30	186.62	231.27	280.16	335.20	407.00
日照市	209.51	234.27	261.43	311.67	352.25	426.50	505.87	629.58
南通市	736.44	809.42	890.10	1006.71	1226.06	1472.08	1758.34	2111.88
营口市	170.30	192.30	217.60	253.50	318.33	380.90	457.69	568.87
福州市	1003.27	1074.23	1160.53	1347.68	1548.46	1476.31	1664.05	1974.58
连云港市	291.13	315.82	312.15	351.13	416.36	455.97	527.38	618.18
镇江市	454.60	505.15	561.20	643.60	781.16	871.67	1025.31	1213.00
厦门市	501.15	556.39	648.33	760.12	883.21	1029.55	1162.37	1375.26
湛江市	373.81	400.64	425.66	483.95	551.70	658.09	770.18	892.56
烟台市	882.88	980.00	1115.00	1316.00	1639.00	2012.46	2402.10	2878.97
珠海市	330.32	367.20	410.60	476.70	546.28	634.58	749.60	886.84
温州市	825.00	933.00	1055.00	1220.30	1402.57	1600.17	1834.38	2157.00
海口市	133.49	144.62	210.86	238.18	253.01	301.35	350.06	396.40
防城市	59.30	62.65	69.28	75.60	84.97	93.24	115.69	159.07
汕头市	450.16	443.37	459.39	498.43	571.31	651.36	737.38	850.15

注:数据摘自中国国家统计局网站和各市统计局网站。

四、格兰杰(Granger)因果关系检验

从经验上分析,港口发展会促进地区经济增长;由于存在加速数效应,地区经济增长也会带动港口发展,因此,二者应存在双向的推拉因果关系。本文通过 Granger 因果关系检验,以检验两者的因果关系,从而确定解释变量和被解释变量。Granger 因果关系检验结果如表 3 所示:

Granger 因果关系检验结果　　表 3

原假设 H0	滞后阶数	F 值	P 值	结论
GDP不是 TTL 的 Granger 原因	1	1.70630	0.19300	接受 H0
TTL不是 GDP 的 Granger 原因	1	19.1130	2.0E-05	拒绝 H0
GDP不是 TTL 的 Granger 原因	2	0.36915	0.69181	接受 H0
TTL不是 GDP 的 Granger 原因	2	10.2640	5.8E-05	拒绝 H0
GDP不是 TTL 的 Granger 原因	3	0.38578	0.76337	接受 H0
TTL不是 GDP 的 Granger 原因	3	10.9424	1.2E-06	拒绝 H0
GDP不是 TTL 的 Granger 原因	4	1.61389	0.17248	接受 H0
TTL不是 GDP 的 Granger 原因	4	9.66068	4.0E-07	拒绝 H0

注：显著性水平为 10%。

由表 3 结果可知，在显著性水平 10%下，滞后阶数为 1~4，TTL 都是 GDP 的 Granger 原因。实际上港口吞吐量是由腹地经济发展产生的，一般来说，港口服务的腹地范围比港口所在城市辖区大；而港口吞吐量对经济发展的推动作用，首先影响到港口所在城市，然后才是周边地区，因此，港口吞吐量 TTL 对所在城市 GDP 的影响作用大于所在城市 GDP 对港口吞吐量 TTL 的影响，以上的 Granger 因果关系检验结果正说明了这一点关系。因此，我们以港口所在城市国内生产总值 GDP 为被解释变量（简称 G），以港口吞吐量 TTL 为解释变量（简称 T）。

五、panel data 模型的 F 检验

首先，根据上面的模型形式设定检验方法，进行模型的 F 检验。

用 Eviews5.0 软件录入数据，后分别计算三个残差平方和如下：

$$S_3=1.93\times10^8;S_2=35928493;S_1=21582219$$

$$F_2=\frac{(S_3-S_1)/[(n-1)(K+1)]}{S_1/[nT-n(K+1)]}=24.82$$

$$F_1=\frac{(S_2-S_1)/[(n-1)K]}{S_1/[nT-n(K+1)]}=4.15$$

其中：$n=25;K=1;T=8$

当显著性水平为 1%，有：

$$F_2[(n-1)(K+1),n(T-K-1)]=F(48,150)=1.6$$

$$F_1[(n-1)K,n(T-K-1)]=F(24,150)=1.7$$

因为 $F_2>1.6$,所以拒绝 H2;又有 $F_1>1.7$,故拒绝 H1。因此,模型采用固定影响变截距、变系数模型。

六、panel data 模型及估计

根据上面分析结果,建立不同港口的港口吞吐量与所在城市国内生产总值的关系固定影响变截距变系数模型。模型形式为:

$$G_{it}=\alpha_0+\alpha_i+\beta_i \cdot T_{it}+u_{it} \quad (i=1,2,\cdots,25;t=2000,\ \cdots,2007)$$

由于各个港口吞吐量之间存在相关关系,即各个港口间的货物存在吞吐关系,因此存在协方差关系,故使用 FGLS 法(cross-section weights)对模型进行估计,估计结果如下:

$$G_{it}=334.903+\alpha_i+\beta_i \cdot T_{it}$$
$$t=(4.75)$$
$$R^2=0.998 \quad \text{D.W.}=1.83$$

α_i 和 β_i 的估计结果由表 4 给出。

α_i 和 β_i 的估计结果 表 4

港口名称	α_i	β_i	港口名称	α_i	β_i
上海港	531.0261	0.186049	营口港	-224.2319	0.032376
宁波港	-91.57999	0.078588	福州港	515.3528	0.091032
广州港	488.4212	0.158129	连云港港	-254.3434	0.056032
天津港	108.8969	0.129503	镇江港	-52.09803	0.099006
青岛港	-235.9633	0.125075	厦门港	-5.581664	0.117230
大连港	-242.5002	0.116893	湛江港	-153.1781	0.095572
秦皇岛港	-269.6378	0.021948	烟台港	7.415398	0.317718
深圳港	1480.673	0.115766	珠海港	-273.7557	0.167564
苏州港	743.2259	0.221095	温州港	91.82554	0.375689
南京港	-896.5114	0.286430	海口港	-280.2477	0.122017
舟山港	-279.4450	0.022923	防城港	-308.3494	0.034496
日照港	-177.5379	0.029639	汕头港	-311.7751	0.325397
南通港	89.90022	0.111365			

七、结果分析

(1)港口吞吐量与港口所在城市国内生产总值都是社会经济发展的重要指标,从上述估计结果表明,两者具有明显的正相关关系,拟合优度达0.998,说明港口发展对腹地经济发展具有明显的推动作用。

(2)从上述估计结果可以看出,各个港口的截距项和斜率项明显不同,说明各个港口吞吐量与港口所在市的经济发展关系复杂,这主要与港口吞吐的货类及港口所在城市的经济发展特色有关。

(3)β_i 为港口吞吐量与港口所在城市经济发展促进作用的弹性系数(表5)。弹性系数大说明吞吐量对港口所在城市经济影响大,意味着港口服务的腹地范围主要为港口所在城市;弹性系数小说明吞吐量对港口所在城市地方经济影响小,意味着港口的服务腹地远大于港口所在城市范围。

港口吞吐量与港口所在城市经济发展的弹性系数排名 表5

排位	港口名称	β_i	排位	港口名称	β_i
1	温州港	0.375689	14	深圳港	0.115766
2	汕头港	0.325397	15	南通港	0.111365
3	烟台港	0.317718	16	镇江港	0.099006
4	南京港	0.286430	17	湛江港	0.095572
5	苏州港	0.221095	18	福州港	0.091032
6	上海港	0.186049	19	宁波港	0.078588
7	珠海港	0.167564	20	连云港港	0.056032
8	广州港	0.158129	21	防城港	0.034496
9	天津港	0.129503	22	营口港	0.032376
10	青岛港	0.125075	23	日照港	0.029639
11	海口港	0.122017	24	舟山港	0.022923
12	厦门港	0.117230	25	秦皇岛港	0.021948
13	大连港	0.116893			

(4)弹性系数从另外一个角度可以反映吞吐货物单位价值或附加值。秦皇岛港和舟山港的弹性系数小,也意味着两港吞吐的是大宗低值货物,如秦皇岛港吞吐的煤炭占90%以上,舟山港水水中转的铁矿石、原油和煤炭占绝对主导地位。

综合上述估计结果，沿海25个主要港口大致可以分为以下三类。第一类是港城关系松散的运输型港口城市，其弹性系数一般小于0.1，代表是秦皇岛港和舟山港，两港的弹性系数最小，分别为0.021948和0.022923，说明秦皇岛港和舟山港的腹地范围远超出秦皇岛市和舟山市，实际上，秦皇岛港服务的腹地主要为大秦铁路沿线地区，主要承担山西、陕西和内蒙古西部等地的煤炭铁海转运功能，这些煤炭的生产地和消费地均不在秦皇岛，因此与秦皇岛市经济社会发展关联度极低，弹性相对也就小；舟山港地处长江口，主要为长江沿线地区提供原油、铁矿石和煤炭水水中转运输服务，既不是这些货源的生成地，也不是货源的消耗地，自然难以在本市形成产业链。第二类是港城关系密切型港口城市，其弹性系数大于0.2，代表是温州港和汕头港，两者的弹性系数最大，分别为0.375689和0.325397，说明这两个港口与所在城市地区经济结合最为紧密，言外之意就是港口服务的腹地主要为所在城市，实际上，温州和汕头两港辐射范围小，以服务所在城市经济发展为主。第三类是复合型港口城市，其弹性系数介于0.1与0.2之间，同时拥有上述两类港口城市的特性，代表港口是上海港和深圳港，上海港既服务长江三角洲和长江沿线地区，又与上海本市经济发展关系密切，而深圳港既服务珠江三角洲及周边地区，又服务深圳本市经济发展，这两个港口与所在城市产业关联度高，产业链条长，显然这种类型港口城市的发展关系是比较理想的。当然，以上的港口类型划分并非有严格的界线，要与定性分析结合，才能得到合理一致的结论。

（本文发表于《中国港口》2009.2）

广东省固定资产投资与经济增长关系实证分析

当前,世界金融危机席卷全球,不仅影响到金融领域,而且对实体经济也造成重大影响,对我国外向型经济影响尤深。国家采取与1998年抗击"亚洲金融风暴"类似的措施,提出加大基础产业投资,拉动内需,保持经济增长的势头。

经济增长是指一个国家或地区潜在的国内生产总值(GDP)或国民收入的增加。投资作为经济增长的原动力,在经济发展过程中起着举足轻重的作用。投资分为固定资产投资和流动资产投资,而对经济增长起促进作用的主要是固定资产投资。在理论上,固定资产投资与经济增长存在着相互促进、相互制约的辩证关系:一方面,经济增长水平决定固定资产投资总量水平;另一方面,固定资产投资的增加对经济总量增长具有强有力的推动作用。

改革开放30年,占改革开放先风的广东省的国民经济一直走在快速发展的轨道:2007年全省GDP为31084.4亿元,比改革开放初期的1978年的185.85亿元增长了167.26倍;固定资产投资快速增长,投资规模稳步扩大,由1978年全省固定资产投资27.23亿元迅速增至2007年的9596.95亿元。这印证了经济学中定律:积累、投资、建设是社会扩大再生产的源泉。那么,采用科学的方法,精确地测算固定资产经济运行的实现对国民经济增长的贡献,对于政府的宏观经济管理与指导投资建设事业的发展,有着重要的实际意义。本文以固定资产投资对经济的促进作用为理论依据,借助计量经济学的方法,对改革开放以来的广东省宏观经济统计资料进行分析,客观地评价固定资产投资对广东省经济增长的影响。

一、数据与变量

本文运用广东省国内生产总值(GDP)作为衡量经济增长的指标,利用全社会固定资产投资作为衡量固定资产投资的指标,所用的数据样本采用1978—2007年的统计数据(表1)。为使数据具有可比性,对数据进行了可比性处理,用商品零售价格指数(1978 年为 100)对国内生产总值和固定资产投资进行平减,从而得到实际的国内生产总值 *RGDP* 和实际的固定资产投资 *RFI*。然后对所得的数据进行自然对数变换,分别用 ln*RGDP* 和 ln*RFI* 来表示取自然对数后的实际国内生产总值和实际固定资产投资。

广东省 1978—2007 年 GDP 与 FI 统计资料表(GDP、FI 单位:亿元)　　表 1

年份	RPI	GDP	RGDP	lnRGDP	FI	RFI	lnRFI
1978	100	185.85	185.8500	5.224940	27.23	27.2300	3.304319
1979	103	209.34	203.2427	5.314401	28.29	27.4660	3.312950
1980	111.8	249.65	223.3005	5.408519	38.29	34.2487	3.533647
1981	122	290.36	238.0000	5.472271	60.40	49.5082	3.902138
1982	124.9	339.92	272.1537	5.606367	84.73	67.8383	4.217126
1983	125.7	368.75	293.3572	5.681391	88.71	70.5728	4.256645
1984	127.2	458.74	360.6447	5.887893	130.37	102.4921	4.629786
1985	144.5	577.38	399.5709	5.990391	184.59	127.7439	4.850028
1986	151.5	667.53	440.6139	6.088169	216.50	142.9043	4.962175
1987	169.2	846.69	500.4078	6.215423	251.01	148.3511	4.999582
1988	220.3	1155.37	524.4530	6.262356	353.59	160.5039	5.078318
1989	266.6	1381.39	518.1508	6.250266	347.34	130.2851	4.869725
1990	254.8	1559.03	611.8642	6.416510	381.47	149.7135	5.008723
1991	256.4	1893.30	738.4165	6.604508	478.20	186.5055	5.228461
1992	271.3	2447.54	902.1526	6.804784	921.75	339.7530	5.828219
1993	320.6	3469.28	1082.121	6.986678	1629.87	508.3812	6.231231
1994	381.3	4619.02	1211.387	7.099522	2141.15	561.5395	6.330682
1995	425.6	5933.05	1394.044	7.239964	2327.22	546.8092	6.304100
1996	444.3	6834.97	1538.368	7.338478	2327.64	523.8893	6.261280
1997	444.7	7774.53	1748.264	7.466379	2298.14	516.7843	6.247626
1998	431.4	8530.88	1977.487	7.589582	2268.13	525.7603	6.264845
1999	417.1	9250.68	2217.857	7.704297	3027.56	725.8595	6.587356
2000	416.7	10741.25	2577.694	7.854650	3233.70	776.0259	6.654186
2001	411.3	12039.25	2927.121	7.981775	3536.41	859.8128	6.756715
2002	405.1	13502.42	3333.108	8.111660	3970.69	980.1753	6.887731
2003	405.1	15844.64	3911.291	8.271623	5030.57	1241.809	7.124325
2004	416.9	18864.62	4524.975	8.417367	6025.53	1445.318	7.276085
2005	424.4	22366.54	5270.156	8.569815	7164.11	1688.056	7.431333
2006	430.8	26159.52	6072.312	8.711495	8132.37	1887.737	7.543134
2007	445.4	31084.4	6978.985	8.850659	9596.95	2154.681	7.675398

注:数据摘自《广东统计年鉴(2008)》。其中:*RGDP* = GDP/RPI×100;*RFI* = FI/RPI×100;ln*RGDP* = ln(*RGDP*);ln*RFI*=ln(*RFI*)。

二、格兰杰(Granger)因果关系检验

Granger 因果关系检验实质上是检验一个变量的滞后变量是否可以引入到其他变量方程中。一个变量如果受到其他变量的滞后影响,则称它们具有 Granger 因果关系。从理论上分析,投资会促进经济增长;由于存在加速数效应,经济增长也会促进投资的增长。因此,二者应存在双向的因果关系。因果关系的检验中需要确定滞后阶的阶数,本文通过试验,确定滞后阶数为 2 阶。Granger 因果关系检验结果如表 2 所示:

Granger 因果关系检验结果 表 2

原 假 设	滞后阶数	*F* 值	*P* 值	结 论
ln*RGDP* 不是 ln*RFI* 的 Granger 原因	2	9.49534	0.00099	拒绝 H0
ln*RFI* 不是 ln*RGDP* 的 Granger 原因	2	3.20451	0.05920	拒绝 H0

注:显著性水平为 10%。

由表中结果可得固定资产投资不是 GDP 增长的因和 GDP 增长也不是固定资产投资增长的因,这两个原假设的 *F* 值都显著异于 0,所以可以在较高水平上拒绝原假设。那么可以得出结论:广东省固定资产投资与经济增长之间存在双向的因果关系,就是说固定资产投资的增加拉动经济的增长,经济的发展促进了固定资产的投资。

三、单位根检验与协整分析

如果时间序列是非平稳的而对其进行回归分析,那么就会产生伪回归。而我们的经济时间序列通常都是非平稳的,因此,在对时间序列进行回归分析之前应进行检验,以判断其平稳性。从表 1 的数据来看,是连续上升的数据,显然是非平稳的。

单位根检验就是用于判断时间序列的平稳性的,并可推断序列的单整阶数。利用 ADF 检验(augmented Dickey-Fuller Test)方法对序列 ln*RGDP* 和 ln*RFI* 进行单位根检验,应用计量软件 Eviews 5.0 对两个时间序列进行检验。结果由表 3 给出。

从表 3 可以看出 ln*RGDP* 和 ln*RFI* 都是非平稳的,但是它们的一阶差分项却是平稳的。因此,可以认为二者皆为 I(1) 变量。

各变量平稳性检验结果　表 3

变　量	检验形式 (C,T,K)	ADF 统计量 t-Statistic	临界值	D.W.值	常数项平稳性	趋势项平稳性	结　论
ln*RGDP*	(C,T,0)	-2.261263	-4.32398	2.06154	不平稳	不平稳	不平稳
	(C,0,0)	1.690467	-3.67932	1.70593	不平稳	—	不平稳
	(0,0,0)	15.19155	-2.64712	1.69115	—	—	不平稳
	(C,T,1)	-4.333972	-4.32398	1.98436	平稳	不平稳	不平稳
	(C,0,1)	-4.085199	-3.68919	2.02361	平稳		平稳
ln*RFI*	(C,T,0)	-3.98200	-4.33933	1.99581	平稳	平稳	不平稳
	(C,0,0)	-0.77995	-3.71146	2.11434	不平稳	—	不平稳
	(0,0,0)	2.54606	-2.65692	2.09385	—	—	不平稳
	(C,T,1)	-3.90718	-4.35607	2.12666	不平稳	不平稳	不平稳
	(C,0,1)	-3.97398	-3.71146	2.12775	平稳		平稳

注：1. 检验形式(*C*,*T*,*K*)分别表示进行 ADF 检验时所设定的检验方程含有常数项、时间趋势项以及滞后阶数,0 是指检验方程不包括常数项、时间趋势或滞后阶数为 0;临界值是 1%显著水平下得到。

2. ADF 统计量(t-Statistic)小于临界值为平稳,常数项与趋势项的判断准则相同。三者都满足平稳条件时,该系列为平稳系列。

3. 滞后阶数选取以 D.W.值接近 2 为优。

对于两个非平稳的时间序列变量,若它们是同阶单整的,则这些时间序列的线性组合序列可能是平稳的,那么就可以认为两变量之间存在协整关系。从经济关系上说,假定一些经济指标被某经济系统联系在一起,那么长远来看这些变量应该具有均衡关系。两变量之间的协整关系意味着二者之间的长期均衡关系。本文采用 E-G 两步法对广东省的国内生产总值和固定资产投资进行协整检验分析。

第一步,对同阶协整变量 ln*RGDP* 和 ln*RFI* 进行 OLS 回归,模型的估计结果如下:

$$\ln RGDP_t = 2.1453 + 0.8437 \ln RFI_t$$

$$t = (12.58) \quad (28.67)$$

$$R^2 = 0.966 \quad D.W. = 0.3357$$

发现残差项有较强的一阶自相关性。主要原因是由于经济变量的发展具有很强的继往性,当前水平与前期水平有极为密切的关系。因此对于当年的国内生产总值(GDP)不仅与当年的固定资产投资(FI)有关,还与前期的国内生产总值有密切的联系。故应加入滞后项，得 ln*RGDP* 与 ln*RFI* 的计量经济学的分布滞后模型：

$$\ln RGDP_t = 0.1853 + 0.0738\ln RFI_t + 0.9294\ln RGDP_{t-1}$$
$$t = (2.18) \qquad (2.24) \qquad (24.36)$$
$$R^2 = 0.999 \qquad D.W. = 1.75$$

第二步，检验残差序列的平稳性。为判断序列之间是否具有协整关系还需检验方程的残差序列是否平稳，如果残差序列是平稳的，那么说明方程的设定是合理的，说明方程的因变量和自变量之间存在稳定的均衡关系；反之，则说明二者不存在均衡关系。

令残差

$$ecm = \ln RGDP_t - \ln R\hat{GDP}_t$$
$$= \ln RGDP_t - (0.1853 + 0.0738\ln RFI_t + 0.9294\ln RGDP_{t-1})$$

对残差 *ecm* 序列的平稳性检验结果见表 4：

ecm 平稳性检验结果 表 4

变量	检验形式 (C,T,K)	ADF 统计量 t-Statistic	临界值	D.W.值	常数项平稳性	趋势项平稳性	结论
ecm	(0,0,0)	-4.67	-4.37	1.9832	—	—	平稳

注：临界值为显著性水平 1%的临界值。

从上检验过程可得出：

$$ecm_t = -0.8856ecm_{t-1}$$

由表 4 的结果可知方程的残差序列是平稳的 $I(0)$，因此可以认为广东省的国内生产总值与固定资产投资之间是(1,1)阶协整，存在长期的均衡关系。

四、建立误差修正模型

协整分析反映了广东省的国内生产总值与固定资产投资之间的长期均衡关系，但不能反映因变量的变动与自变量变动之间的关系。因此，应建立误差修正模型，以反映因变量的短期波动。

本文通过 E-G 两步法建立误差修正模型。计量模型如下：

$$\Delta\ln RGDP_t = \beta_0 + \beta_1\Delta\ln RFI_t - \lambda ecm_{t-1} + \varepsilon_t$$

采用 OLS 估计得到的模型为：

$$\Delta \ln RGDP_t = 0.0976 + 0.1843\Delta \ln RFI_t - 0.1863ecm_{t-1}$$
$$t = (8.59) \quad (3.37) \quad (-0.86)$$

在上面的误差修正模型中，差分项反映了短期波动的影响。经济增长的短期波动可以分为两部分：一部分是短期固定资产投资波动的影响；一部分是偏离长期均衡的影响。由上式可得 $\ln RGDP$ 关于 $\ln RFI$ 的短期弹性为 0.1843。我们注意到这个短期弹性较小，说明固定资产投资的效果并不能在短时间内体现出来，因而有一个滞后的过程。

误差修正项系数的大小反映了 $\ln RGDP_t$ 对偏离长期均衡关系 $0.1853 + 0.0738\ln RFI_t + 0.9294\ln RGDP_{t-1}$ 的调整力度。从短期看固定资产投资变动 1%，将引起国内生产总值 0.1843% 的变动。从系数估计值（−0.1863）来看，当短期波动偏离长期均衡时，将以（−0.1863）的调整力度将非均衡状态拉回到均衡状态。从短期看，被解释变量的变动是由较稳定的长期趋势和短期波动所决定的，短期内系统对于均衡状态的偏离程度的大小直接导致波动振幅的大小。从长期来看，协整关系式起到引力线的作用，将非均衡状态拉回到均衡状态。

五、结论及建议

1. 从以上的分析中，我们可以得到以下结果：广东省固定资产投资对拉动经济经济增长的作用明显。投资对经济增长的贡献表现在：一方面投资的一部分可直接转化为 GDP 的一部分，直接推动国民经济发展；另一方面表现在固定资产投资间接引起的消费增长对经济的贡献；同时，固定资产投资也受到经济增长的影响。固定资产投资所需资本需由资本积累提供，资本积累的增加需要经济的发展提供。

2. 协整分析表明，广东省固定资产投资与经济增长之间存在长期的均衡关系，而且二者的误差修正模型说明在短期内，固定资产投资的变动将引起国内生产总值同方向的变动，二者存在动态均衡机制。从长期来看，当固定资产投资增长一个百分点时，国内生产总值增长 0.8437 个百分点，说明固定资产投资对广东省的经济增长有很强的拉动作用。

3. 根据经济发展理论，固定资产投资是发展中国家经济发展的前提条件。固定资产投资是宏观调控的切入点和着力点，是国民经济增长的主要推动力。

经济发展需要刺激投资需求，最终消费需求的形成也有赖于加大投资力度，投资与消费双管齐下，投资需先行。因此，国民经济的高速增长离不开投资的持续增长。几乎所有国家或地区的政府都会在经济不景气的时期，将建设投资作为刺激经济增长的工具。加大建设投资的规模，既可增加就业机会和国民可支配收入、扩大内需，又可以直接带动当前的经济增长，为新一轮的经济增长奠定物质基础。因此，当前广东省应抓住为解决世界金融危机，国家扩大内需，加大固定资产投资，建设基础设施的大好时机，合理选择投资项目，调整产业结构，实现经济的快速发展。

4. 从固定资产投资对产业结构调整的导向作用来看，不能只强调固定资产投资对经济增长的拉动作用，而必须从经济全局的、长期的、持续协调发展的战略高度制定固定资产投资政策，以有利于产业结构、产品结构的调整以及区域经济的协调发展。固定资产投资对经济增长的拉动作用最终取决于消费需求是否扩大，没有消费需求支持，固定资产投资对经济增长的拉动不会持久。如果投资所形成的生产能力不能与消费匹配，就会造成产能过剩，资源浪费；其次，投资的结构不甚合理，在投资结构方面，应该调整产业结构，减少高耗能高污染行业的投资，注重可持续发展。随着投资的增加，投资的回报率将降低，因此在增加投资的同时应注重提高技术，促进技术的发展，应避免固定资产投资项目中低水平的重复建设，避免造成资源浪费、环境污染等现象。正确处理社会经济发展与人口、资源、环境的关系，加大资源节约和环境保护力度，坚持节约发展、清洁发展和安全发展，才是实现经济的可持续发展之道。

（本文成稿于 2009 年 2 月）

关于加快转变广东省交通运输发展方式的建议

以科学发展为主题,以转变经济增长方式为主线,是“十二五”规划的核心思想;“加快转型升级、建设幸福广东”,加快经济增长方式的转变是广东省未来几年的主要任务。然而,经济增长方式的转变因不同行业不同产业而不同,需要结合各个行业各个产业的特点采取不同的策略。这里,结合广东省交通运输行业的实际提出几点转变广东省交通运输发展方式的建议。

一、广东省转变交通运输发展方式的基本思路和重点领域

(一)转变交通运输发展方式的基本思路

随着《珠江三角洲地区改革发展规划纲要(2008—2020)》的实施,珠三角将打造成为亚太地区最开放、最便捷、最高效、最安全的客流和物流中心;省政府在此基础上颁布实施珠三角五个一体化规划,广东省交通运输事业由此迎来了黄金发展期。广东省交通运输行业应以科学发展观为指导,按照“八大转变”的基本思路推进交通发展方式转变。即:从速度型向速度、效益相统一的发展方式转变;从单纯交通经济效益型向经济、社会、环境效益相统一的发展方式转变;从资源消耗型向资源节约型转变;从环境污染型向环境友好型转变;从较单纯强调建设向建设、经营、管理全过程发展转变;从相对分散发展向综合运输转变;从投资驱动型向创新驱动型转变;进一步推进交通运输管理体制转变。

(二)转变交通运输发展方式的重点领域

转变交通运输业发展方式是一个系统工程,以下三个方面是广东省转变交通运输业发展方式主要领域:

1. 交通基础设施建设方面

交通基础设施包括公路、铁路、水路、航空、管道等五个专业,各个交通专业的发展不能各顾各的发展,要由主要依靠单一交通运输方式发展向综合交通运输体系发展转变,由单打冠军向团体冠军转变,实现交通运输综合效益最大化。

另一方面,交通基础设施要由主要依靠基础设施投资拉动向建设、养护、管理和运输服务协调拉动转变,进一步强化“建设是发展,养护也是发展”的理念,严格治理超限超载行为,确实保护交通建设成果。

2. 交通运输市场方面

交通运输市场要从粗放型向集约型转变。改变公路运输处于过度市场化状态,提高运输市场的集约化程度,形成规模经济,做强做大运输企业。实现交通运输业由主要依靠增加物质资源消耗向科技进步、行业创新、从业人员素质提高和资源节约环境友好转变。

3. 交通运输管理方面

交通运输管理要由传统管理方式向现代管理方式转变,由单部门分散管理向大部门综合管理转变,由手工管理向信息化管理转变,由粗线条管理向精细化管理转变,由人治化管理向法制化管理转变,充分利用现代化的管理理念和管理工具,进一步提高管理水平和管理效率。

二、广东省交通运输增长方式转变的主要手段

(一)集约型交通增长方式仍需以必要的生产要素投入(主要是资本投入)为支撑,但要素投入并不再是推动交通增长的唯一手段

集约型交通增长方式并不排斥必要的生产要素投入,特别是在交通供给能力增长速度滞后于交通运输需求增长的情况下,仍需要通过增加交通投资来保持一定的发展速度,满足社会经济增长产生的各种客、货运输需求。只不过相对于粗放型交通增长方式,交通投资的重要性和贡献率大幅度下降,交通增长更主要依靠于优化资源配置和提高生产要素的使用效率,即提高各种交通投入的全要素生产率,而不是一味追求投资规模的扩大。换言之,集约型交通增长方式是在保持一定的交通投资增长速度的前提下,主要通过结构调整、技术进步等手段来提高各种交通投入的综合效益,因而是速度、效益、结构三要素有机结合的变化过程。

(二)制度和技术创新是提高交通投入全要素生产率的主要手段,对于交通增长方式转变具有至关重要的作用

提高全要素生产率,一方面要依靠制度创新提高资源配置效率,在给定交通投入水平和技术的情况下,通过优化生产要素组合和结构调整可以达到提高

交通供给能力的目的，同时完善制度还可以促进交通投资效率的提高，使有限的资金发挥最大的效益；另一方面，要依靠技术创新（包括管理创新）来提高资源的使用效率，投入水平的增加不可避免地会导致边际收益递减，在投入水平不变的情况下，技术进步和管理水平的提高可以促进交通运输业劳动生产率及资本产出率的提高，从而推动集约化增长。因此，交通运输增长方式转变，意味着提高交通供给能力和服务水平将从主要依靠扩大交通投资转向主要依靠制度和技术创新所带来的制度环境优化、运行机制完善、技术进步和管理水平提高等因素。

三、实现广东省交通运输业增长方式转变的主要途径

实现广东省交通运输业增长方式由粗放型向集约型转变，应从提高交通运输资源配置效率和资源利用效率入手，充分发挥市场和政府两方面的作用，重点解决提高交通增量投资效率和存量交通资产利用效率两方面的问题。具体地说：

（一）加快交通管理体制改革，调整和完善政府职能，规范政府投资行为，使政府在广东省交通运输业增长方式转变过程中发挥关键作用

对于交通运输业来说，转变增长方式不能单纯依靠市场机制的自发调节来实现，必须充分发挥政府的作用，以有效矫正市场机制的缺陷。目前广东省交通管理体制、投融资体制等制度环境以及政府职能还不能适应交通增长方式转变的要求，应加快进行体制改革，完善政府职能，为交通增长方式的转变提供根本保障。未来的改革方向和政府应发挥的作用主要有：

1. 尽快建立一体化的交通运输管理体制，消除造成交通运输业投资结构失衡、重复建设、运输方式间衔接不畅的体制根源。

2. 调整和完善政府职能，纠正交通运输领域政府作用的越位和缺位。比如在公路运输市场方面，政府应加强对运力和运输价格的宏观调控，并通过制定相应的产业政策调整道路运输企业组织结构，提高运输市场的集约化程度，引导高效低耗货车的生产和消费，促进道路运输车辆技术水平的提高和结构升级，严格禁止超限超载，从而推动道路运输业向规范化、规模化、集约化方向转变。

3. 规范政府投资行为，提高政府投资效率。随着交通基础设施公共产品

本性的逐步明晰,该领域中政府投资的比重要进一步提高,政府投资的有效性将对交通运输增长方式转变产生着重要影响。建立和完善政府投资决策的约束和监督机制,合理确定政府投资范围和优先投资领域,同时借鉴发达国家和地区的经验,区分政府间接提供与政府直接生产,通过特许权、补贴、签约外包等形式借助私人资本和市场机制提高政府投资效率,确保有限的财政资金最大限度地发挥作用。

4. 鉴于技术进步和劳动者素质在交通增长方式转变中具有重要作用,政府应加大对交通新技术的研发投入力度,对交通科技成果转化和应用提供财政支持,并加大劳动者职业培训方面的投入力度,完善相关政策法规,提高技术进步和劳动者素质对交通增长的贡献。

(二)以结构调整为主线,提高交通运输资源配置效率和资源利用效率

资源配置不合理所导致的结构不合理是造成交通运输投入产出比低、粗放式增长的重要原因,应以结构调整为主线,通过优化资源在各行业、各地区及系统间的配置比例来促进资源利用效率的提高。具体地说:

1. 调整政府交通投资的行业结构。各级政府应加大普通干线公路的财政投入,尽快形成快速公路网;同时也要加大对铁路(轨道交通)、水运、航空等资源消耗少、环境影响小的运输方式的投入,并通过税收、补贴等各种方式积极引导社会资金进入该领域。

2. 调整政府交通投资的地区结构和城乡结构,加大对农村地区的交通投资力度,为区域社会经济发展创造有利条件。落后地区交通投资的直接经济效益通常是很低的,但是这类投资往往具有很高的社会效益和外部效益,应作为政府投资的重点。

3. 调整交通投资在线路建设和枢纽建设上的分配比例,使运输系统点、线能力协调发展。运输枢纽尤其是综合运输枢纽在一体化运输、提高运输组织效率和综合运输效率中具有重要作用,政府应在综合运输枢纽规划和建设中发挥主导作用,促进运输系统点、线能力协调发展。

4. 调整交通投资在基础设施建设和运输服务系统建设上的分配比例,使构成交通运输体系的"硬件"系统与"软件"系统协调发展,从而提高交通投资的系统效率。例如,在加快农村公路建设步伐的同时,应对农村地区运输体系建设给予同样的重视,否则农村公路的投资效益将不能得到充分发挥。

(三)通过技术进步和管理创新提高交通运输业运行效率和运输企业生产效率

新技术的研发和应用是转变交通增长方式的重要保证。政府应加大对交通新技术的研发投入力度,并通过财政支持、税收减免等激励措施促进交通企业建立自主创新机制,提高技术进步对交通增长的贡献率。

信息化是提高交通运输业效率的重要手段,也是政府部门在推动交通增长方式转变过程中的主要职责。政府应在交通运输系统的信息化规划和建设方面发挥主导作用,并着力于实现各种运输方式的信息互通和共享。例如,政府通过推动道路运输市场的信息化、网络化建设,组建区域货运交易中心,可以使车、货信息资源得到集中,提高货运组织效率和车辆利用率,降低空驶率高、迂回运输等不经济运输活动所产生的资源浪费。

运输企业是实现交通增长方式转变的微观主体,运输企业生产效率的高低对于行业运行效率具有重要影响。政府应通过制定产业发展政策引导交通运输企业建立规范的企业治理结构,实现规模化和规范化经营,不断提高企业管理水平和生产效率,并为企业经营创造公平健康的市场环境。

(四)在交通发展过程中坚持可持续发展的理念,发展绿色交通,不断降低交通运输的资源消耗和外部不经济性

未来交通运输业发展面临着越来越严格的资源约束和环境约束,我们已不可能再重复先发展、后治理的道路,交通发展不能够、也不可能建立在牺牲环境和无节制消耗资源的基础之上。因此,必须将可持续发展作为制定交通发展政策的准则,在制定政策时综合考虑经济、社会和环境三方面的因素,将可持续发展的理念真正落实到政策和交通发展实践中去。

实现交通的可持续发展,首先尽快建立统一的交通运输管理体制,赋予交通运输管理部门足够的权威性,由其负责制定统一的交通规划、行业政策和技术标准等,在交通可持续发展中充分发挥主导者和协调人的作用;其次应通过结构调整和健全综合运输体系提高能源利用效率,通过合理规划、合理建设以及各种运输方式的科学合理分工来解决交通发展与土地资源占用之间的矛盾;三是制定交通可持续发展战略,建立相应的指标体系和完善基础数据,据此对交通可持续发展的程度进行评价,使交通可持续发展战略具有可操作性;四是要通过完善法律法规和建立激励和约束机制,促使交通运输企业的行为更加符

合可持续发展的要求。

四、加快转变广东省交通运输发展方式的主要措施

（一）全力推进综合运输体系发展

这是实施交通运输全面、协调、可持续的科学发展战略，转变交通运输业发展方式的重要途径。一是加快形成综合运输体系框架下集约的基础设施系统、现代的运输装备系统和科学的组织保障系统。统筹规划衔接，建立综合运输规划体系；调整优化通道资源，逐步实现各种运输方式"无缝衔接"和"零距离换乘"；加强多式联运等综合运输政策和标准规范的研究制定；推进综合运输管理和公共信息服务平台建设。二是大力调整优化交通运输结构。各种运输方式协调发展是实现交通运输发展方式转变的重要内容，调整基础设施结构，优化网络功能结构与布局，优化各种交通方式的衔接。调整运力结构和运输组织结构，积极推进规模化、集约化、网络化运输，引导营运车船向大型化、专业化、清洁化方向发展。把铁路、水运、航空发展摆在重要位置，提升铁路、水运、航空在综合运输体系中的地位和作用。三是加快薄弱环节建设。坚持统筹城乡发展和区域协调，加快农村老少边穷地区交通运输发展。

（二）努力提高交通运输设施装备的技术水平和信息化水平

这是交通运输现代化和文明进步的重要标志。全力推动交通运输装备的现代化，运用现代科技手段对现有存量进行更新改造和优化升级，提高基础设施和运输工具运营效能和管理水平；新建基础设施要注重新技术、新工艺、新材料的研究推广应用，运输装备要不断提高科技含量和安全、舒适和便捷性。重点推进信息化建设，消化吸收信息化前沿技术，推进政府管理、公众服务、电子商务"三大信息系统"建设，形成开放兼容的现代交通运输信息网络。

（三）大力促进现代物流业发展

这是转变交通运输业发展方式的重要切入点。一是加强运输与物流服务的融合。鼓励交通运输企业加快转型，积极发展甩挂运输、滚装运输、江海直达运输、集装箱联运等先进运输组织方式。二是做大做强快递物流，加强交通运输与快递物流规划、政策、基础设施和运营衔接。三是积极拓展港站枢纽服务功能。新建港站枢纽运输功能和物流功能要统一规划、同步建设，现有港站枢纽改造植入物流功能，加强港站枢纽与后方物流园区衔接。四是大力推行不停

车收费系统，提高车辆运行效率。五是完善运输市场规章制度，促使运输市场规范化发展。

（四）尽力建设资源节约型、环境友好型行业

加强资源节约、生态环境保护和节能减排是转变交通运输业发展方式的关键环节。一是大力发展绿色交通运输。推动新能源和清洁车辆开发应用。鼓励发展技术先进、经济安全、节能环保的运输装备，加快淘汰落后运输装备。积极推动沥青、钢材等资源的再生和循环利用。二是推进基础设施建设集约发展。加强节水、节地、节材等评估审查，在规划、设计、建设等环节集约节约利用土地、岸线，优化结构，提高使用寿命和服务水平。三是加快建立行业节能减排指标和法规标准体系。四是加强出行消费方式引导。倡导公众选择节能环保的公共交通出行。

（五）强力提高安全监管和应急保障能力

这是转变交通运输业发展方式的重要保障。一是努力提高安全监管能力。强化企业主体责任和部门监管责任，探索建立交通运输主管部门、安全监管机构和企业的安全责任链。加快实施水上交通安全监管和救助系统规划建设，健全监管网络。加强薄弱环节，提高城市公交安全监管水平。二是提高应急保障能力。加快建立区域交通运输应急救援中心，建立突发公共事件预测预警机制、应急协调机制等应急保障机制，提高社会各方面参与交通运输应急救援的积极性。

（本文为 2011 年度广东省政协提案）

关于加快全省高速公路统一联网收费的建议

一、问题的提出

随着广东省社会经济的发展，人民生活水平的提高，小汽车大量进入平常百姓家，高速公路的车流量不断加大，高速公路拥堵现象日渐严重，主要集中在几个联网收费片区间的主线收费站。尤其是春节、清明、五一、国庆等节假日期间，收费站前等待收费的车辆摆成长龙，成为一道难堪的风景，严重影响广东省的形象，过往车主怨气颇大。省委省政府主要领导十分重视，责成有关部门加以解决。每逢节假日，交通、交警部门不得不加派人手，日夜值班，采取间歇放行等措施疏导交通，但这都是治标不治本的临时措施。如何根本解决高速公路主线收费站堵车问题是本提案的核心所在。

二、原因分析

导致高速公路收费站堵车的原因主要有三个：

一是车流量的增长。随着我国社会经济的高速发展，车辆增长是不可避免的，尤其是小汽车进入家庭，在节假日时间，大家都开车出去游玩，集中出行形成了节假日出行高峰，导致高速公路特别是收费站节点难负重荷。

二是部分收费站设计先天不足。收费站收费车道过少，连接匝道通行能力不足，导致收费站堵车也是在所难免。

三是高速公路全省统一联网收费尚未实现。广东省高速公路联网收费被人为地划为6个片区，片区与片区之间必须设收费站，导致高速公路存在大量的主线收费站。惠州至广州短短120公里，就要经过4个主线收费站，严重影响了高速公路通行的便捷性。

2009年，广东省出台了《广东省高速公路联网收费第二阶段（区域合并）实施方案（修订版）》，计划将全省6个高速公路收费片区合并为粤西、粤东和中片区等3个片区，并采取电子不停车收费及人工半自动收费兼容的组合式收费技术和推广"粤卡通"全省一卡通等措施。但实际并未完全按方案实施,目前只是深圳片区并入了珠三角片区,全省仍有5个联网收费片区。各个片区之间存在的主线收费站,仍然是高速公路通行的瓶颈所在,主线站不撤,高速公路堵车问题就不能根本解决。例如东片区与中片区之间的惠州市镇隆互通收费站(潮莞高速和长深高速惠盐段相交)和惠州市小金口互通收费站(广惠高速与长深高速惠河段相交),拥堵尤为严重,其中镇隆互通收费站在2010年中秋国庆期间共发生拥堵14次,间歇免费放行了7417辆车次。

三、全省高速公路统一联网收费的必要性和可行性

(一)必要性

从以上分析可知,导致高速公路堵车的三个原因,原因一是客观原因,可以通过加快高速公路建设,开辟更多的高速公路通道来解决。原因二是技术问题,可以通过技术改造来提高收费站的通行能力。原因三是人为因素,是当前最应该尽快解决的首要问题,而且是一个最容易解决又是最有效解决的问题。

由于未实现全省高速公路统一联网收费,目前,广东省高速公路收费系统存在以下不足:一是高速公路收费片区之间仍然存在主线收费站,在省内高速公路网中通行仍要停车缴费,降低了高速公路通行能力;二是主线收费站及其收费广场占用了大量宝贵的土地;三是设置主线收费站增加了高速公路公司运营管理收费站的成本。因此,全省高速公路统一联网收费是非常必要而且迫切的。

(二)可行性

全省高速公路统一联网收费在技术上并不存在无法逾越的障碍,已是一项非常成熟的技术。从全国范围看,浙江、江苏、江西、陕西、福建、河南等省份早已实现了全省高速公路统一联网收费,极大地方便车主缴费,大大提高了高速公路的通行能力。

四、建议

为提高广东省高速公路的通行能力,实现全省高速公路统一联网收费是必由之路,谨提出如下建议:

1. 全省高速公路统一联网收费宜早不宜迟。建议省有关部门进一步明确全省高速公路统一联网收费的时间表,并予以公布以便监督执行。最好能够在2011年内一次性将现有的5个片区合并为全省一个统一的网,撤销除省界外所有高速公路主线收费站。

2. 将全省高速公路统一联网收费管理由企业(公司)行为改变为政府行为,统一并降低联网收费的管理费率。

由于目前广东省的高速公路联合收费(非严格意义的联网收费)是由广东联合电子收费股份有限公司负责经营管理,由企业负责全省高速公路的电子联网收费技术服务工作,必然存在过于注重经济效益而忽视社会效益的问题,导致管理费标准明显偏高,且不同项目费率标准不统一,执行起来随意性大。建议将联网收费管理单位改制为隶属省交通运输厅的事业单位。

随着广东省高速公路里程的增加,收费总额的增加,联网收费管理费率应有所下调,可由目前的现金1%、粤通卡1.5%~2%,降至现金2‰、粤通卡5‰。或者学习湖南省和浙江省的经验,电子联网收费管理由政府主管部门下属的事业单位负责,联网收费相关建设项目投资由路段所属高速公路公司投入86%,政府投入14%,一次性建设投入,不再按照路段通行费来收取管理费用。

3. 按照国家标准,采用最新信息技术制订全省高速公路统一联网收费的技术标准。比如采用最新技术改造ETC车道,提高灵敏度和可靠度,提高ETC车道的通行能力。

4. 大力推广粤通卡,多设ETC车道,提高ETC车道的使用率,从而提高高速公路收费站的通行能力。可实施更加优惠的收费折扣(由现在的98折降至95折),使用粤通卡送电子标签等措施,降低粤通卡的使用成本,以便加快推广粤通卡。

(本文为2011年广东省政协提案,2014年6月底实现全省高速公路联网收费)

区域一体化条件下 珠三角港口协调发展对策探讨

国务院批准实施的《珠江三角洲地区改革发展规划纲要(2008—2020年)》(以下简称《纲要》)要求珠三角地区要按照统筹规划、合理布局、适度超前、安全可靠的原则,加大交通基础设施建设,大力推进区域交通基础设施一体化发展,形成网络完善、布局合理、运行高效、与港澳及环珠三角地区紧密相连的一体化综合交通运输体系,使珠三角地区成为亚太地区最开放、最便捷、最高效、最安全的客流和物流中心。

区域经济一体化发展是国家对珠三角地区未来发展的要求,也是珠三角地区经济发展的客观需要。区域交通一体化是区域经济一体化发展的基础和突破口,也是各种交通运输方式协调发展的必然结果。

港口作为综合交通的重要组成部分,在国民经济和城市发展中起着举足轻重的作用。珠三角地处南海的北部,毗邻国际航线,是我国对外开放的领头羊,随着珠三角地区经济的进一步发展,珠三角港口群在地区产业布局中的作用将进一步凸显。在区域一体化发展的宏观形势下,珠三角要充分利用丰富的港口资源,加强港口合作,加快区域港口群的整合优化,促进区域港口一体化协调发展,全面服务区域经济社会进步,是珠三角区域港口城市和港口行业的共同目标。

一、珠三角港口发展现状

目前,珠三角已初步形成以广州港、深圳港、珠海港等国家主要沿海港口为主体,惠州港、东莞虎门港等地区性重要港口为骨干,其他中小港口为补充的大珠三角"港口群"体系。沿海及内河港口码头的泊位总数达2126个,其中万吨级以上泊位245个。沿海共有各类生产性泊位1425个,其中万吨级及以上深水泊245个,占泊位总数的13.88%,较2001年的94个增加了151个;内河共有各类生产性泊位1153个,没有万吨级及以上深水泊位。虽然珠三角港口群泊位总数有所减少，但万吨级及以上深水泊位在数量上与比重上得到了较大幅度的提升，码头供给结构得到了优化。2010 年，港口货物吞吐量、集装箱吞吐量和旅客吞吐量分别为 9.78 亿吨、4214 万 TEU 和 1159 万人，分别占全省的 80%、96.7%和 46.7%。

二、珠三角港口发展存在的主要问题

改革开放以来，珠三角港口群无论是本身规模的扩大及吞吐量的提升还是带动区域经济社会发展方面，都取得了令人瞩目的成就，但与国内外先进地区港口相比，仍存在着一些问题或不足：

（一）珠三角区域港口的发展速度相对缓慢

“十一五”期，环比国内的长三角、珠三角和环渤海湾等 3 个主要区域的港口群发展情况看，珠三角港口群的泊位数、总吞吐能力、集装箱吞吐能力、完成吞吐量及集装箱装卸量等指标方面，环比长三角、环渤海湾等两个地区的增长率存在较大差距，具体情况详见表 1，说明“十一五”期珠三角的港口群发展落后于长三角、环渤海湾。从世界范围看，中国有 12 个港口的货物吞吐量位列全球前 20 位，其中环渤海湾有 7 个、长三角 3 个、珠三角 3 个（含香港），广州港作为珠三角的最大港口，位列全球第 6，低于长三角的上海港（全球第 1 位）、宁波—舟山港（第 2 位）和环渤海的天津港（第 5 位）。

“十一五”期中国三大区域港口群发展情况对比表 表 1

区域名称	泊位数量（个）			总吞吐能力（亿吨）			集装箱吞吐能力（万 TEU）		
	2010 年	增量	增长	2010 年	增量	增长	2010 年	增量	增长
珠三角	1410	162	13%	9.0	3.90	76%	4035	1700	73%
长三角	2356	445	23%	22.0	9.80	80%	5130	2550	98%
环渤海湾	838	244	41%	19.5	9.60	96%	3790	2040	116%
区域名称	2010 年完成吞吐量（亿吨）			2010 年集装箱吞吐量（万 TEU）					
	绝对数	增量	增长	绝对数	增量	增长			
珠三角	9.08	3.83	73%	3833	1473	63%			
长三角	25.01	11.14	82%	5435	2765	104%			
环渤海湾	24.20	12.70	110%	3544	1934	120%			

（二）珠三角港口的一体化进展未见起色

近年来，国际国内沿海港口正从单打独斗走向合作联盟的趋势越来越明显,如在环渤海地区,2010 年 5 月大连港集团与丹东、锦州、葫芦岛等港口牵手合作,进行资产并购,整合辽宁沿海港口资源;2009 年 9 月,秦皇岛港集团与唐山、黄骅等港口通过资本运作,组建成立了河北港口集团,成为世界最大的散货港口集团;2009 年山东省 3 个亿吨大港(青岛港、日照港、烟台港)在签署了三方战略合作合作协议的基础上,于 2011 年 6 月 8 日与威海港及韩国釜山港签署了《中韩 4+1 港口战略联盟运行章程》。长三角的宁波港和舟山港已成港口整合的典范;上海港与宁波港,于 2010 年已正式开展资本层面的实质合作,双方各持 50%成立投资公司。

反观珠三角地区,仅在 2009 年,广东的珠海、中山、江门、佛山、肇庆、云浮与广西的梧州、贵港、南宁等 14 个港口成立了"西江港口联盟",旨在推动西江流域的水运协调发展,而其他沿海港口间的横向联合未见实质性进展。

(三)尚未发挥水运的比较优势,区域运输网络结构不尽合理

"十一五"期,珠三角的公路货运量比重达 69.45%、铁路货运量仅占 5.94%、水运货运量 21.02%,过分依赖公路运输的局面未得到有效缓解,结构性矛盾突出,铁路、水路等运输方式的比较优势尚未充分发挥,造成公路建设养护的压力大、路面及桥梁加速损害等不利影响。部分港口的集疏运体系尚不能适应港口的快速发展,如进港铁路、公路等配套交通基础设施缺乏或建设滞后,水铁联运、水公联运效率有待提高。

三、国内外港口群一体化发展的经验借鉴

在国内外有许多港口群一体化发展的成功经验值得珠三角港口群一体化发展借鉴,主要有:

(一)优势互补,提高整体实力

比如上海港和宁波港,上海集装箱码头处理能力与集装箱吞吐量需求之间矛盾突出,而宁波港可为上海港承担部分货运的分流任务;同时,上海港缺乏深水航道,大型船舶无法满载,拥有深水航道的宁波北仑港区,弥补了上海港水深不足的缺陷。上海港与宁波港已从初期的高层互访、定期会晤等形式,发展到今天实质性的资本合作。实践证明,通过两港整合,两港的比较优势得到发挥,上海港的核心枢纽地位得到进一步增强,宁波港的吞吐量和地位得到大幅上升。据了解,目前上海港务集团公司拟实施更大的"长江战略",计划筹建"长

江公司”,以统一运作长江流域的物流资产,提高整个长江流域的物流经营效率。

(二)增强综合实力,发挥整体优势

一个成功实现一体化运营的国际化组合港口,需要具备完善的区域综合集疏运网络、强大的资金筹集能力、先进的国际化运营策略和现代化的信息技术等。如荷兰的鹿特丹港,作为西欧的商品集散中心和欧洲最大的集装箱港口,拥有高度发达的公路、铁路、沿海、内河等综合集疏运网络,几乎整个欧洲都成为其直接经济腹地。新加坡港的运营商新加坡港务集团通过与各国港口管理部门、商业结构和跨国公司合作,实施国际化经营策略,增强港口在国际港航界的话语权和影响力,使新加坡港口、物流及其相关业务遍及全世界。

(三)紧密的合作机制,竞争中求合作

区域港口之间紧密合作,有利于优势互补,减少彼此之间的内耗,实现共同发展目标。港口的竞争合作,需要双方付出真诚的努力。合作机制有政府层面,也有港口企业层面的协作机制。比如,日本的国土交通运输省积极推进东京湾港口群区域合作,协调各港口降低和统一入港费、岸线使用费,简化船舶进港手续,共建国际航运中心;各港口实现错位发展,共同揽货,整体宣传,提高整体知名度。上海港与沿长江流域港口的合作、投资、联盟,取得了良好成效,并建立了港口间差异化发展机制、对话机制、信息共享机制、高层决策者互调机制等等,这些机制的目的就是解决区域港口个体之间的过度无序竞争,以实现一体化的合作共赢目标。

(四)实行跨区域的股份合作与并购

有条件的港口之间,通过跨区域的资本运作,以合资、参股、并购等形式实现港口的资源整合,避免重复建设与恶性竞争,实现港口运营一体化。通过共同出资组建公司、企业之间相互参股或共同参股第三方企业,建立互利的合作关系。

“组合港”的形成和港口之间的合作联盟就是追求提高区域港口集团式竞争力,大力发展港口现代物流,追求绿色发展的具体体现。比如,美国的纽约—新泽西港口群是世界上成功的组合港,主要特点是共同组建跨区域的港务集团,履行港口码头建设与维护、实施港口信息化、加强港口安全管理等职责;港口群建设通过债券销售集资,不依赖政府预算,港口收益扣除建设运营成本后,主要用于港口发展或兴办公共福利事业。浙江的台州港与宁波港，于2010年1月成立了浙江台州湾港务有限公司,整合了台州港和宁波港在资金、技术、管理和市场的方面的各自优势,建设海门港区集装箱专用码头,增加台州至宁波集装箱支线航班密度,台州港通过宁波港,与全球100多个国家,600多个港口接轨,台州企业的物流成本因此大幅下降。

总之,整合是当前世界港口发展的一种潮流,通过整合港口资源,优化配置,可极大地提高资源利用率,减少资源消耗,提高流通效率,压缩流通成本,提高区域港口群的竞争力。

四、推进珠三角港口一体化的对策建议

港口之间有三个层面的竞争:一是港口群之间的竞争;二是同一港口群内不同港口之间的竞争;三是同一港口内不同企业之间的竞争。在珠三角各市深入贯彻落实《纲要》之际,珠三角九市乃至港澳地区的各个港口应走求同存异、优势互补、合作竞争的道路,加强港口之间的整合与联合,适应港口行业发展潮流,最大限度防止港口无序竞争带来的危害。针对珠三角港口群目前缺乏统筹整合的主要问题,参照国内外港口群的一体化发展经验,提出促进珠三角港口群一体化协调发展的对策措施建议如下:

(一)树立区域港口一体化协调发展理念

思想是指挥行动的中枢,要树立珠三角及港澳地区的区域一盘棋协调发展的观念,从珠三角的地理区域和珠江的北江、西江、东江等流域范围,谋划区域沿海港口和内河水运的一体化发展策略。省政府及省有关部门要在珠三角港口群发展中真正发挥统筹协调的引领作用,在政策和资金上力促珠三角港口群走整合资源做强做大的道路。各市要跳出本行政区划的局限,站在全区域的角度思考问题和做出决策,要打破行政区域界限的分隔,抛弃本位主义思想,破除过重关注本市局部利益的思想束缚,以达到全区域港口资源的最优配置和效益最大化。

(二)编制区域港口一体化专项规划

规划是建设和管理的指导性文件。区域港口一体化专项规划是区域经济社会规划体系中引领区域港口发展全局的具有较高战略层次的规划,是推动港口运输体系快速发展的重要前提。规划从布局上要解决各市港口的功能定位

问题,提出并制定区域港口近中远期的建设计划等。该规划需要各市密切配合、合力推进,要打破行政区划的限制,以珠三角九市整体为编制范围,充分考虑珠三角地区与港澳的对接,同时辐射泛珠三角地区,以区域港口一体化更好地促进区域经济一体化。

(三)以资本为纽带,推进区域港口的横向组合发展

在现有珠三角一体化的基本框架内,以广佛肇、深莞惠、珠中江等三个经济圈一体化建设为平台,鼓励各市的港口企业通过参股、合资、共同出资等形式,推进港口之间的横向合作。在更广的区域内,以促进西江、东江、北江流域的水运发展为契机,推动流域内的港口企业谋求联盟发展,乃至探索组建覆盖整个流域的内河港务集团公司。从更高层面,在全珠三角、乃至港澳地区,组建基于业务经营关系的战略联盟,乃至形成覆盖珠三角、全广东省的散货、成品油、集装箱等专业性业务的跨区域的港务集团公司,类似投资建设高速公路的广东省交通集团有限公司。

(四)以重点难点事项为突破口,推进区域港口服务一体化

在珠三角港口公共基础设施、信息一体化建设、交通电子口岸一体化、支持保障系统等重点难点事项方面,按照问题的难易程度、紧迫程度等,采取切实可行措施,逐项加以解决,提高区域港口的运营服务保障能力,促进区域港口的可持续发展。

例如,在强化珠江口水域调度管理方面,按照省政府确定的"四统一"(航道、引航、锚地、通信调度管理)和"四个一"(一条公用水道、一个引航机构、一套管理规则、一个监督机构)原则,推进东莞、深圳、珠海、中山等四港调度机构的运作,优化珠江口水域内的引航作业,公开、公平、公正地使用广州港出海航道,确保港口安全生产等。

(五)构建完善的港口集疏运体系

可从两个层面加以推进:一是提升并整合珠三角区域现有港口资源以及配套集疏运综合交通资源,发挥存量资源的潜力和能力,可在较少投入的条件下、在短时间内改善区域港口群的服务水平,提高服务能力;二是加大投入、加快建设,在构建珠三角区域开放、便捷、高效、安全的综合交通运输体系的框架内,主要针对制约珠三角港口一体化进程的瓶颈问题,加快建设联通港口的高、快速路网和进港铁路,加强港口间的联系从而组合港口群。

（六）完善区域协调合作体制机制

珠三角九市彼此之间是地位平等的，没有行政隶属关系，市与市之间的事项需要通过协调解决。推进珠三角区域港口一体化，完善沟通协调机制是最现实最有效最迫切的措施。珠三角区域要突破行政管理体制，创新和完善跨市、跨行业的沟通协调机制，从机制上保障各项一体化措施能在区域交通一体化理念的指导下加以落实，从而实现在整个珠三角区域内的交通系统最优状态。珠三角九市可成立常设的协调议事机构，建立日常化的协调议事程序，定期或不定期召开港口专项的联席会议，协商解决制约珠三角港口进一步发展的问题。从政府和企业层面，规范区域内港口间的市场竞争行为，做好行业协调自律，促进相邻港口间的合作互补、共进共赢。

（本文发表于《中国港口》2011．11）

加快广东省高速公路建设的几点建议

为贯彻落实党的十八大和习近平总书记视察广东重要讲话精神，广东省政府印发了《加快推进全省重要基础设施建设工作方案（2013—2015 年）》（粤府〔2013〕30 号，以下简称《工作方案》），紧紧围绕保障“三个定位、两个率先”的总目标，加快推动广东省基础设施建设，尤其是粤东西北地区的交通基础设施建设，确保“十二五”规划目标任务的完成，促进广东省经济持续快速健康发展。

一、广东省高速公路建设面临的形势和任务

至 2012 年底，广东省高速公路通车总里程达 5524 公里，通车总里程位居全国第 2 位，广东省高速公路通车里程密度达到 3.08 公里/百平方公里，如期实现上届政府任期内（2012 年底）高速公路通车里程达到 5500 公里的目标，为推动全省经济社会平稳较快发展和加快转型升级提供了有力支撑，做出了重要贡献。

按省政府的《工作方案》，“十二五”后 3 年，广东省将加快推进以粤东西北地区交通基础设施为重点的重要基础设施八大工程 21 大项，共 460 个项目建设，总投资约 2.95 万亿元，后 3 年完成投资约 1.41 万亿元，计划每年需完成投资约 4700 亿元，是“十二五”前两年平均完成投资 2870 亿元的 1.64 倍。

“十二五”后 3 年，广东省高速公路将实施“外通内连工程”、“省内干线工程”和“区内联网和疏港工程”等 3 大工程，共 69 个项目，建设里程 5464 公里，总投资 7226 亿元，后 3 年投资 2688 亿元。续建 32 个项目，新开工 37 个项目，计划建成 18 个项目，新增高速公路通车里程 1316 公里，实现县县通高速公路。到 2015 年，高速公路通车总里程将超过 6800 公里，比原规划目标增加 300 公里。到 2017 年底，全省高速公路通车总里程要达到 8000 公里，国家高速公路网规划项目在广东省境内实现无断头路，出省通道和粤东西北连接珠三角的通道全面联通。

二、加快高速公路建设的意义

随着广东省经济的快速发展,支撑经济发展的公路网也将形成两张网:一是普通公路网,二是以高速公路为主的高快速路网。两张网发挥着不同的作用,普通公路网体现“公平”,是需由政府投资建设的普惠性的免费网;高快速路网体现“效率”,是经济性与公益性共存的收费网。加快高速公路建设实际是效率优先的中国特色社会主义经济发展原则的具体体现,其意义主要体现在:

(一)促进“三个定位、两个率先”总目标的顺利实现

通过加快高速公路建设,建成适度超前的高速公路网,既是贯彻落实广东省政府《工作方案》的具体措施,更是通过高快速路网缩短全省的时空距离,使全省经济发展的整体性更强,改变广东省经济发展区域不平衡的局面,将有利于增强广东省发展后劲和综合竞争力,有利于推动各地招商引资工作,有利于促进区域经济协调发展,从而顺利实现“三个定位、两个率先”总目标。

(二)促进广东省经济持续快速健康增长

一方面是直接经济效益,高速公路建设资金需求量大、投资密集、带动能力强,加快高速公路建设,有利于扩大基建投资需求,特别是在当前国际经济仍然复杂严峻情况下,有利于带动扩大全社会投资,促进经济持续健康增长。另一方面更重要的是间接经济效益,通过高速公路网的便捷性减少时空距离,相当于扩大开发的区域,促进百业发展,做大全社会的经济总量,从而保持广东省经济持续快速健康增长的势头。

(三)破解导致区域发展不平衡的交通瓶颈

改革开放以来,广东省交通基础设施,尤其是高速公路发展迅速,大大缓解了交通运输的“瓶颈”制约作用,有力支撑了广东省社会经济的持续、快速、健康发展。但广东省交通建设与国民经济和社会发展的需求相比,还存在一定差距,比如:部分属于国家高速公路网项目建设偏缓,出省通道项目建设速度明显滞后于相邻省份,高速公路区域发展不平衡,珠江口过江通道不足问题日益显现,粤东西北连接珠三角的通道不足等。

至2012年底,全国(含港澳台地区,下同)高速公路通车里程密度为1.01公里/百平方公里,其中东部(16省市地区)为2.42公里/百平方公里,中部6省

为2.56公里/百平方公里，西部12省市为0.41公里/百平方公里，广东省通车总里程为5524公里，总里程在全国排名第2，高速公路通车里程密度为3.08公里/百平方公里，里程密度在全国排名第10。粤东地区为2.78公里/百平方公里、粤西为1.64公里/百平方公里、粤北为1.63公里/百平方公里，均低于全省的3.08公里/百平方公里，远低于珠三角的6.05公里/百平方公里。以粤东西北地区高速公路通达水平较低为代表的交通瓶颈问题，是这些地区经济发展速度较慢的原因之一。加快建设高速公路，有利于促进全省加快转型升级和城乡统筹协调发展，提升全省高速公路服务均等化水平。

三、面临的主要问题与困难

(一)规划问题

一是规划目标的确定问题。广东省高速公路发展目标从“十五”期的“市市通高速”到“十二五”期的“县县通高速”，明确的发展目标对推动高速公路建设起到了良好的指导作用。那么下来广东省高速公路的发展目标应该是什么呢？这将关系到广东省高速公路发展的方向和大局。

二是规划路网的完善问题。上一版的广东省高速公路规划总规模2030年为8800公里，随着广东省高速公路建设的加快，2017年要实现8000公里目标，然后的2018—2030年共13年仅增长800公里，显然存在规划总量不足问题，需要扩大规划总量规模，那么该从哪里着手呢？路网完善可从哪几个方面增密高速公路，是值得我们思考的问题。

(二)资金筹措和效益问题

一是资金筹措。按至2017年全省高速公路通车总里程达到8000公里的目标初步估算，2013年至2017年每年全省高速公路项目建设资金约需2688亿元，按资本金35%计算，需资本金约940亿元和银行贷款1748亿元。在整体金融环境较紧的形势下，能否筹集到足额的建设资金是能否加快高速公路建设的关键。

二是经济效益。高速公路投资巨大，一般来说是通过收费偿还投资本息，高速公路本身的收费效益，直接决定了项目的经济性和可行性。广东省高速公路经过20多年的建设，经济效益较好的项目大都已建成，目前需要建设的大多数是社会意义重大，投资较大，收益较差的山区高速公路项目，因此，这些高速公路的效益问题是决定项目是否可行,从而影响该项目能否生存和发展的核心问题。

(三)收费政策问题

一是收费标准问题。广东省高速公路收费标准(4 车道 0.45 元/公里,6 车道 0.6 元/公里)已实施 20 多年一直保持不变,而广东省部分地区的高速公路项目的建设成本已上升 10 倍,仍执行同一收费标准,很多项目无法在经营期内收回成本,导致高速公路对社会资本的吸引力在减弱。

二是项目规模问题。按规定高速公路项目的最小规模是不少于 30 公里,在完善路网阶段,将出现许多高速公路联络线,而这些联络线往往可能不足 30 公里,导致项目无法立项,不利于高速公路网的完善。

三是老项目的收费年限问题。部分建于 20 世纪 80 年代末、90 年代初的高速公路项目,若按经营期 25 年计,这些项目行将结束经营期,经营期结束后要移交政府部门管理,这些高速公路下来如何管理非常值得政府部门提前思考。

四是旧高速公路项目改扩建问题。广东省一些前期修建的高速公路项目由于当初设计标准低,沿线地区经过多年的发展,高速公路已无法满足沿线地区车辆通行要求。沿线地方政府和人民都要求对该高速公路改扩建,但项目公司考虑到该项目收费年限将至,不想实施改扩建,从而出现地方需求与项目公司效益的矛盾问题。

五是互通连接线问题。高速公路带动地方经济发展主要通过互通出口,因此互通连接线的投资和建设,一直以来是沿线地方政府、交通运输部门、项目公司和广大人民群众关注的焦点。由于连接线不计入收费里程,为压缩投资规模,项目公司希望尽量少建互通连接线,或者降低连接线等级;而沿线地方政府,为减轻地方财政压力,更好促进地方经济发展,希望尽早、尽多、尽高标准建设互通连接线;省交通运输部门在两者之间难以取舍,多建,会增加项目公司投资压力;少建或不建,又不能很好地发挥高速公路的效益。

(四)用地和征地拆迁问题

一是用地指标问题。由于土地利用总体规划指标的限制,新规划的高速公路甚至一些原规划的高速公路的用地指标难有着落,是影响高速公路建设的前置条件。

二是规划落地问题。随着经济和社会发展,城市开发的不断加快,特别是在珠三角地区新建高速公路与城市建设矛盾凸显,高速公路项目难于落地,导致出现线路迂回,甚至线路局部断头的不利情况,大大削弱了高速公路快速通行的比较优势。

三是征地拆迁问题。建设用地能否按时提供,对加快高速公路项目建设起到决定性作用。高速公路征地拆迁涉及拆迁和被拆迁对象等各方利益,使征地拆迁成为制约高速公路建设的瓶颈问题。项目公司和被拆迁方的利益诉求的协调难度越来越大,加快高速公路的征地拆迁工作已成为了考验高速公路所在地政府和部门的执政能力和水平的难题。

(五)前期审批问题

高速公路项目的前期审批涉及发展改革、国土资源、住房建设、环境保护、交通运输、水利、农业、地震、文化、法制等行业主管部门,同时还需省市人民审批。审批事项多、沟通协调难,一条高速公路从启动到开工建设,按比较快的正常审批流程,至少需 3 年,对加快高速公路建设非常不利。

四、加快推进高速公路建设的几点建议

要加快高速公路建设,就必须解决以上制约高速公路建设的瓶颈问题。这些问题若能得到妥善解决,无疑会大大加快广东省高速公路建设步伐。这需要进一步解放思想,改革创新,不断推出新办法、新措施来实现。针对以上问题,谨提出如下建议:

(一)做好高速公路网规划和实施计划

广东省现行的高速公路网规划是十年前编制的,对广东省高速公路近十年的快速发展起到了重要的指导作用。但受发展阶段认识的限制,该规划跟一般的规划一样,存在规划规模总量不足,网络不够完美的问题。经过十年的实践,到了对它进行修改完善的时候。要进一步加快广东省高速公路建设,必须有一个适度超前的规划来指导。要做好高速公路网修编工作,需要注意如下几点:

一是明确发展目标。正如前面所言,目标是发展的方向,“市市通高速”和“县县通高速”,言简意赅的目标对广东省过去的高速公路建设起到了良好的指引作用。那么下来广东省高速公路的发展目标是什么呢?笔者认为,应该是“市市通复线”和“中心镇通高速”。若实现这个目标,2030 年全省高速公路的总规模要从《广东省高速公路网规划》(2004—2030 年)的 8800 公里扩大到

12000~15000 公里。

所谓“中心镇”是指常住人口 10 万人以上的省级中心镇,也包括重要的开发区、港口等经济生产活跃地区。“通”的含义并不是指高速公路要穿过镇区或开发区中心地带,离节点(镇中心或开发区中心)20 公里范围均可作为“通”的标准(按连接线时速 60 公里/小时计,用时 20 分钟内)。

二是增强高速公路的联网功能。一方面要从整体层面规划新的高速公路大通道,另一方面由于通达节点的加密,联系高速公路大通道的联络线将增多,高速公路通达度将增大,高速公路的联网效益也将提高。

三是做好实施计划,分批分期实施项目。建立一套完整的评价体系,判定项目的重要度和对社会贡献度,评价项目轻重缓急的程度,科学制定实施计划,有利于提高项目的可操作性,提高高速公路的投资效率。

(二)多渠道筹集建设资金

对于项目效益良好的项目,可采取传统的投融资模式,也就是 BOT 模式。但针对部分高速公路效益较差、融资困难的问题,主要从体制与机制方面构建交通投资融资平台,增强高速公路融资能力。除传统的融资方式外,可尝试采取以下几个新的融资模式。

一是“以路建路”的良性发展模式。改变传统的“一路一公司”的模式,成立政府背景的交通投资公司(如南粤投资公司),统一收费、统筹还贷、整体评价多项目效益。整合原有效益较好的高速公路资源,特别是前期建设收费期将至的经营性高速公路,特许经营期满移交政府管理后由该交通投资公司接管,该高速公路转为政府还贷项目继续收费作为融资担保。这样一方面可解决以 BOT 模式的特许经营期满后原项目的管理维护确保畅通的问题,又可作为其他新项目的融资担保,筹集新高速公路项目(特别是效益较差的高速公路项目)的资本金,解决一些社会效益大而经济效益差项目的资金来源。同时可避免出现部分高速公路收费,部分高速公路不收费的混乱局面。

二是加大各级财政的投入力度。针对高速公路投资效益比降低的问题,要转变高速公路项目必然是经营性收费的传统观念,要加大财政投入高速公路建设,以政府还贷的模式建设高速公路(对于效益差的项目将更多地采取这种模式),结合上述第一种模式,财政资金注入交通投资公司作为建设高速公路资本金。

三是对于政府还贷项目,推行“省市共建”的双业主模式,省市双方共同投资、共担风险、共享利益。共建模式是多样的,比如省负责工程部分投资,市负责征地拆迁及其费用,分别经审计后作为确定合作股比的依据。

四是“路地联合开发”模式。针对采取政府还贷模式建设的通往开发区的高速公路,可将高速公路出入口的部分土地开发受益,投入高速公路项目建设。或者受益的开发区的土地收益所得一次性或分年度分拨给高速公路项目,用以弥补高速公路项目的运营亏损,避免开发区挣钱高速公路亏本的问题,实现开发区与高速公路的共赢。

五是进一步放宽对民营投资的要求,采取上市融资或公私合营股份制模式,在资本市场融集高速公路资金,通过市场交易引进新的股东解决资金问题。

实际操作时可根据实际情况选择一种或多种模式组合。以上只是探讨的几种模式,实际上还有很多模式,其中心思想就是充分发挥高速公路的整体资源优势来筹资建设。

(三)调整收费政策

一是调整收费标准。开展调整高速公路收费标准的研究工作,制定高速公路项目的合理收益率,评估收费标准的合理性,在此基础上出台新的收费标准政策,建设动态跟踪型的高速公路,对收费标准进行后评估。可采取老路老标准,新路新标准的办法制定单个项目的收费标准。

二是调整高速公路规模标准。对于路网联络线,从完善路网角度出发,将最小规模降为15公里,少于15公里的项目可将几条联络线合并成一个项目,使之达到最小规模标准,或者将小项目纳入附近大项目的改扩建工程予以立项。

三是老项目的收费年限问题。老项目未作改造的,特许经营期满后,应无条件移交政府部门管理。为解决移交后的管养问题,建议采取上述筹资模式分析的第一种模式。

四是旧项目的改扩建。主要是解决旧项目改扩建投资回收问题,可考虑适当提高收费标准,延长收费年限。为规范旧项目的改扩建,建议尽快出台《经营性高速公路改扩建管理办法》,以有序推进标准低、不能适应地方经济发展的旧项目实施改扩建。

五是互通连接线问题。项目公司与地方政府主要争议的表面是连接线的规模(等级、长度)问题,实际上是连接线的建设资金回收问题。为解决这个问题,可考虑将一级公路以上的连接线纳入收费项目。具体来说就是按照普通收费公路的标准收费,对通行该连接线的车辆收费,收费额附加到高速公路该立交出口收费中。这样就能解决连接线的建设资金回报问题。

(四)解决项目用地和征地拆迁难

一是加强高速公路规划与城乡规划、国土规划的衔接工作,采取新技术手段,建设基于GIS技术的规划信息平台,实现"多规合一",解决各专项规划不够统一协调的问题。

二是纳入全省高速公路网规划的项目,全部纳入省重点工程,由省统一提供用地指标,解决高速公路用地指标问题。无论项目采取经营性方式建设还是政府还贷方式建设,高速公路用地通过划拨的形式给项目公司使用。特别是采取BOT模式的经营性高速公路不宜用土地转让的模式给项目公司并办理土地产权证,一方面降低征地费用,另一方面避免出现特许经营权期满后移交政府时带来土地权属问题。

三是妥善解决高速公路落地问题。一方面各地城市规划应预留好高速公路通道,避免过多的拆迁。高速公路用地是公益性用地,相对于属私用地性质的房地产开发楼盘用地,两者有矛盾时,在城市总规中应优先安排高速公路用地。另一方面,加快高速公路项目的前期工作,加深项目研究深度,落实高速公路的走向和控制点,以便更好地与土地利用规划衔接。

四是依法依规做好征地拆迁工作。要充分调动沿线各级政府的主导作用,特别是县、乡镇政府的积极性,由地方政府任务包干,落实责任。依法征拆、严格按法律法规和程序办事,尽量把征地拆迁工作做实做细做稳。要做好被征地群众的思想工作,为解决征地拆迁打下基础。做到以人为本,在不影响全线建设的前提下,项目公司适当让利,妥善解决当地群众征地拆迁的安置补偿问题,主动解决建设中影响地方水利、道路设施的问题。公开透明、及时兑现,要增加征地拆迁工作透明度,对征地的各类标准都要张榜公布,接受群众监督,做到公正、公平、公开。征地拆迁费实行专户储存,专款专用,决不允许拖欠、截留、挪用。可探索采用租地的方式解决高速公路用地问题,在"省市共建"模式下,将地方政府在高速公路项目的受益分成部分,作为失地农民的土地租金,逐年(或逐月)发放,一方面降低征地成本及征地拆迁工作难度,另一方面让失地农民有长期稳定的收入保障其生活。

五是科学合理安排建设时序。由于高速公路的建设里程较长,征地拆迁的利益方多,难以在同一时间征用所有建设用地,因此项目用地要征用一段、移交一段、建设一段,加大对已经征用土地的施工投入力度,提高用地效率。

(五)构建前期审批绿色通道

高速公路建设涉及面广,大大小小评估有十多项,需要花费大量时间完成报告的编制和审批工作,而且这些评估经常互为前置条件,关系复杂,高速公路的前期审批往往需要3年时间之多。因此要加快高速公路建设的前提之一是要加快项目的前期工作和审批进度。

一是提前开展高速公路项目的前期工作,建立高速公路备建项目储备库。充分发挥地方政府建设高速公路的积极性,鼓励交通部门采取“代业主模式”,先期开展路线踏勘及工可报告的编制工作,同时开展收费许可、路线选址、环评、土地预审等专项评估报告的编制工作。

二是建立高速公路前期审批的绿色通道,加快高速公路各专项评估报告的审批工作,特别是关键环节的审批,取消互为前置条件的限制,将串联审批改为并联审批,规定办理时限,缩短办理时间。简化审批程序,下放审批权限,部分审批权限可由省级部门下放至市级部门,抄报省级部门备案监督。

(六)提高工程质量和效益

加快高速公路项目建设,工程质量绝不能放松。要实现高速公路建设“又快又好”的建设目标,对交通管理部门、项目公司和施工单位都要提出更高的质量要求。

高速公路发展不仅是数量上的增长,而且是数量、质量、效益、环保等方面综合的、可持续的全面发展。因此,在加快建设高速公路的同时,要强化高速公路工程质量的监管,建设精品工程,才能把跨越式发展战略的本质内涵和要求落到实处,建成标准化、规范化、数字化、现代化的高速公路体系。

一是做好高速公路项目的科学合理设计和审批工作。要把设计的准备工作做精、做细、做实,对技术标准、技术方案等要进行充分的比选论证,选用能最好地兼顾各方要求的科学方案。设计要加强创新,推行新理念、引进新技术、推广新产品。加强设计审核把关,提高设计质量,推行设计审核市场化改革。

二是加强工程质量管理。绝不能因为加快高速公路建设,任务重,工期紧,而放松工程质量。引进新的质量管理技术,推行“双标”管理,加大工程质量和安全监督检查力度,对高速公路项目实行动态管理和实时监控。健全高速公路工程质量和安全生产责任制,建立完善质量监督管理体系和企业信誉考核体系,落实安全生产措施。充分发挥工程监理的工程质量监管作用,加强对施工单位的施工过程管理,确保高速公路的高质、环保和节能。

三是严把高速公路竣工验收关,开展项目后评价工作,不断总结工程管理的先进经验和做法并加以推广,从整体上提高广东省高速公路建设管理水平。

总之,制约高速公路项目建设的两大问题是资金和用地,加快高速公路建设两条主要途径是提高项目效益和项目管理效能,加快高速公路建设两大支撑是人才和政策。

(本文成稿于 2013 年 1 月)

二　惠州交通港口发展的思考

关于发展现代化综合交通的几点建议

“十一五”期是惠州市现代化进程中的关键时期,惠州市的经济和社会发展面临着许多机遇和挑战。交通运输是国民经济和社会发展的重要基础设施和基础产业,是国民经济和社会发展的排头兵,对带动和支撑经济和社会的全面发展起到非常重要的作用。交通运输综合化是现代化交通发展的目标和基本方向,为更好地促进惠州市经济和社会发展,在珠三角的城市发展竞争和泛珠三角区域经济合作中取得优势地位,惠州市应该尽快建成现代化的综合交通运输体系。

一、现代化综合交通的组成及重要意义

现代化综合交通是由铁路、公路、水运、民航、管道五种运输方式综合组成。国家和省的“十一五”规划发展纲要中都提到,“十一五”期间,交通运输要合理布局,做好各种运输方式相互衔接,发挥组合效率和整体优势,形成便捷、通畅、高效、安全的综合交通运输体系。这是“十一五”期间交通运输发展的目标和基本方向。世界上几乎所有现代化大都市的发展史都可以看出,它们的共同特点都是依托在综合交通体系上,并不断发展完善综合交通体系,取得经济和社会发展的竞争优势,不断地发展壮大,形成现有的规模。惠州市有江有海、有港有路,地理位置非常优越,具备发展现代化综合交通体系的自然条件。惠州市无疑也应该沿着现代化大城市先进的发展经验,着力打造现代化的综合交通体系,创造良好的投资交通环境,为惠州市的经济和社会发展奠定良好基础。

二、惠州市综合交通的现状和不足

至2006年底,惠州市交通基础设施基本情况如下:

1. 公路方面:公路通车里程10436.1公里,公路密度为93.1公里/百平方公里。其中:高速公路277.9公里,一级公路325.8公里,二级公路760.2公里,三级公路578.4公里,四级公路7166.6公里,等外公路1327.2公里。

2. 铁路方面：惠州市境内铁路营运里程为142.7公里（京九铁路88.9公里，惠大铁路53.8公里）。

3. 港口方面：惠州市港口包括沿海港口和东江内河港口两类，其中：沿海港口拥有码头泊位25个，万吨级以上深水泊位12个，其中30万吨级1个，15万吨级2个，4万吨级1个，3万吨级5个，1.25万吨级2个，1万吨级1个，设计总吞吐能力达5000万吨；东江内河港口拥有码头泊位14个，总吞吐能力为300万吨。

4. 管道运输：惠州市现有二条管道运输线，一条从大亚湾华德码头往广州石化总厂输送原油的管线，一条是从深圳往惠州LNG电厂的LNG管道。

5. 位于平潭镇的惠州机场于2002年底停航。目前正在开展复航事宜。

惠州市目前已初具综合交通的雏形，但还很不完善，主要体现在缺乏快速轨道交通、民航等现代化的交通运输方式；公路整体等级较低，高速公路尚未形成较完善的网络；港口规模仍显不足，与枢纽港的要求仍有较大差距；公路站场数量不足，且规模和标准都较低，布局不够合理，难以适应现代化的要求。

三、发展综合交通规划的主要思路和重点

各种运输方式都有各自的特点，我们要抓住各种运输方式的优缺点，扬长避短，发展惠州市的现代化综合交通。要充分发挥铁路运输全天候、能力大、运输成本低、通用性好的特点，加快发展铁路、城市轨道交通。要发挥公路运输机动灵活、门到门、辐射性强的特点，进一步完善公路网络。要发挥海运和内河运输投资小、能力大、运输成本低、占地少、能耗低的特点，完善沿海港口规划，加强石化、集装箱、能源和矿石深水码头建设。改善内河通航条件，形成较完善的内河航运体系。要发挥航空运输速度快、受地形限制小的特点，发展民用机场。发挥管道运输能力大、占地少、安全性能好、运输成本低的特点，结合石油天然气运输，加强管道运输建设。

作为“十一五”时期国民经济的基础支撑条件，交通运输面临着新的发展环境。惠州市重点要加强高速公路、综合运输通道及枢纽、能源和集装箱运输系统建设。

1. 加快建设综合运输通道及枢纽。综合运输大通道建设重点发展资源占用少、能耗低、污染小的运输方式。综合运输枢纽应实现各种运输方式之间、城

市间与城市内交通线路间的紧密衔接，最大限度提高交通运输的效率和效益。要把惠州发展成为国家公路运输枢纽城市，搞活惠州市运输市场，促进经济全面发展。

2. 加快发展铁路和轨道交通。“十一五”期，惠州市将配合铁道部建设厦深沿海铁路，把惠州市融入珠三角与长三角、闽三角的经济合作圈。加快城市轨道交通的前期工作，筹划建设珠三角城市群的城际轻轨。

3. 抓两头促中间，加强公路网建设。重点发展高速公路，构建以高速公路为主骨架的新公路网。扶持农村公路建设，为建设社会主义新农村服务。逐步展开国省道的升级改造，带动沿线城镇发展。

4. 加快发展水路运输。以发展枢纽港为目标，完善沿海港口规划，加快发展集装箱、石化、散杂货及货物中转运输系统。充分利用内河资源，发展内河航运事业。

5. 发展民用机场，逐步提高民用机场吞吐能力。以现有惠州机场为依托，通过升级改造为珠三角的支线机场，客货并举，发展民航事业。

6. 协调发展城市交通。以解决过江交通为突破口，加强进出城交通的衔接，合理布置站场，着力解决市区交通瓶颈问题；整合公交、出租小汽车为主的城市运输市场，发展快速公交线路，给广大市民提供方便、快捷、安全、舒畅的交通条件。

四、加快惠州市交通现代化进程的几点建议

第一，要在整合既有网络基础设施的基础上，统筹规划、合理布局，构建综合交通基础设施网络。交通专业因交通运输方式的不同分别作了一些专业规划，如：公路网规划、公路运输枢纽（汽车站场）规划、港口规划、轨道交通规划、公交规划等等，都是一些较为分散的专业规划，其主要缺点是彼此之间衔接不够，没有从整体上考虑交通综合发展，因此，编制一个涵盖全市覆盖交通各专业的综合交通规划是非常必要的。

惠州市综合交通规划要实现以交通系统引导土地利用布局和城市结构的发展和优化，使分散组团式的城市结构真正向着一体化的方向发展；宏观把握城市交通发展方向，实现交通系统与城市发展、社会经济发展之间的协调；规划市域内部的综合交通运输系统，实现交通基础设施之间以及各种交通方式之间的协调，同时满足市域内的出行需求和城市的总体发展战略；制定包括公路、铁

路、港口、机场等多种交通方式在内并协调统一的对外交通系统规划，以满足惠州市经济发展的需要；研究城市公共交通包括政策因素、实施战略、现状公交线路的优化及规划布局等。

第二，要把运输大通道和城市群内快速交通网建设，作为各种交通方式实现有效衔接与协调发展的主要手段和综合交通网络建设的重点。惠州市要结合国家和省的规划，优先发展大港口、高速公路网、快速轨道网等运输大通道，现代化的综合交通体系必须建立在交通大通道的基础上，从根本上改变惠州市的交通区位，促使惠州市成为国家级交通枢纽城市。这样惠州市就可以像东莞市因位于广深交通大通道带动经济快速发展一样，加快惠州市的经济和社会快速发展。

第三，要强化各种交通方式的有效衔接，注重综合交通枢纽的建设。这主要体现在机场、港口、公路枢纽站场等交通枢纽节点上，不同运输方式都是在这些交通枢纽节点上完成换乘和装卸，因此，这些枢纽节点必须充分考虑不同运输方式之间的衔接，布置其换乘功能。如公路枢纽站不但要考虑与市内公交、出租车的衔接，也要考虑未来与城市轨道线、城际轨道线的联结，成为轨道交通的停靠站，这样就可避免市内交通与出入境交通矛盾，又将极大地提高运输效率，节约宝贵的土地资源。因此，我们在规划公路枢纽站场时要科学地选择站址，预留足够的发展空间和用地，避免以后又因为用地不足或无法与轨道线衔接，又不得不另择新址，造成重复投资的尴尬局面。

第四，要充分挖掘交通资源，发展综合交通。一方面，交通建设需要大笔的建设资金，一方面，交通行业本身有大量资源可挖，促使交通建设成为投资热点。比如：成网建设的高速公路，由于收费效益高，是银行贷款的主要方向。公路站场也可以通过科学规划，由政府划拨土地，并给以一定的优惠政策，采取公开招标的方式来进行招投资主体。交通资源作为一种社会资源，政府要控制好，巧妙地利用这些优质资源，对发展惠州市的综合交通将极有好处。

第五，要加强综合交通信息网络建设，促进运输过程一体化。现代化的综合交通不仅体现在硬件建设上，也要体现在软件建设上，使交通建设全面发展。要通过现代信息技术，发展智能交通，提高交通管理和服务水平，促进运输过程一体化，提高运输效率，促进社会发展。

（本文成稿于 2007 年 1 月）

上海、宁波港口建设与物流业发展考察报告

加快推进惠州港口与物流业发展，是惠州市实施“沿江城市”向“沿海城市”转变的发展战略重要内容，也是实现未来五年经济总量上再造一个惠州（即2011年生产总值比2006年翻一番）的重要途径和主要依托条件之一。2007年9月11日至16日，惠州市经济与社会发展咨询论证专家港口建设与物流业发展考察组赴上海、宁波等市访问考察，通过座谈与现场调研等方式学习借鉴两市在港口与物流业发展的先进经验和做法，结合惠州市经济社会的发展实际和目标，提出了推进惠州港口与物流业发展的意见和建议。

鉴于政治地位、经济实力、国家扶持政策、港口发展历程等港口发展条件，惠州市与上海市相差甚远，而宁波市是国内从“沿江城市”向“沿海城市”转变的成功典范，其港口与物流业发展历程和经验对惠州市具有较高的参考借鉴价值，因此，本文主要介绍宁波市的做法和经验。

一、宁波市港口建设与物流业发展的基本情况

（一）宁波港发展的基本情况

1973年以前，宁波港还是一个在甬江三江口通航能力仅3000吨级的小港；1973年开始“三年大建港”时期开辟了甬江口镇海港区，随着镇海港区万吨级泊位的建成投产，宁波港发展走向了河口港；改革开放以后，终于跳出甬江口开辟了北仑大型深水港区，宁波港开始向“东方大港”迈进，20世纪90年代和新世纪先后开辟了大榭和穿山港区。截至2006年，宁波港基本形成了由北仑、镇海、大榭、穿山和宁波老港区共同发展的格局。拥有500吨级以上生产性泊位249座，其中万吨级以上深水泊位60座。宁波港最大靠泊能力为30万吨级，拥有一批大型原油、矿石码头、第六代国际集装箱专用泊位以及5万吨级液体化工泊位，已经成为我国大陆大型深水泊位最多的港口。宁波港主要经营主要货种有矿石、煤炭、石油、集装箱、液化以及其他散杂货。近年来，宁波港在各级政

府的大力支持下，进一步发挥深水良港和区位优势，积极参与上海国际航运中心建设，生产建设取得持续、快速、健康发展。呈现以下特点：

1. 港口运输保持高速增长。2000—2005 年宁波港货物吞吐量年均递增速度高达 18.4%；2006 年全港货物吞吐量达到 3.1 亿吨，同比增长 15.2%，总吞吐量列大陆沿海港口第二位；集装箱吞吐量达到 706.8 万标箱，同比增长 35.7%，增幅连续 7 年列大陆沿海主要港口第一，集装箱吞吐量排名列大陆沿海港口第四位，全球集装箱港口第 13 位。2007 年上半年宁波港口货物吞吐量 1.67 亿吨，增长 13. 6%；集装箱吞吐量 443.1 万标箱，增幅 38.7%，全年有望超过 900 万标箱。

2. 集装箱运输结构不断优化。2007 年上半年港口集装箱航线达到 180 条，其中国际远洋干线 90 条、近洋线 47 条、内支线 20 条、内贸支线 23 条。航线质量进一步提升，欧洲、美国、中东三大主力航线的密度已位居全国港口前列。集装箱航班达到 800 班/月以上，已与世界上 100 个国家和地区的 600 多个港口通航，基本形成了覆盖全球的集装箱运输网络。

3. 港口基础设施建设稳步推进。为适应港口运输高速增长的需要，“十五”以来宁波港继续加大港口基础设施建设力度，已建成北仑三期、北仑四期和大榭港区集装箱码头 2 个泊位。这些项目竣工后可形成大型集装箱专业泊位 16 个，设计吞吐能力超过 640 万 TEU；还建设了一批原油、液体化工等大型泊位，使宁波港实力大大增强。此外，宁波市还进一步加强了港口集疏运网络的建设。

通过近几年的快速发展，宁波港已成为我国集装箱运输干线港和上海国际航运中心的重要组成部分，并进一步发展和巩固了国家进口原油、矿石、液体化工和煤炭等大宗货物运输中转基地地位。

（二）宁波市港口物流业发展情况

1. 依托港口优势提升服务引擎

“港为城所依，城为港所托”，港口是宁波的优势所在。依托得天独厚的港口资源，宁波市将物流作为服务业引资的突破口。2007 年年初以来，宁波港口继续加大与世界著名船公司合作力度，新开航线 21 条。到 6 月底，宁波港口共有集装箱航线 184 条，其中远洋干线 96 条。目前宁波港口月均航班达 833 班，比 2006 年同期增加 100 班次以上。同时，宁波港口以提高装卸效率为着眼点，全面提升服务质量,2007年在世界知名班轮公司“马士基海陆”超大型集装箱轮的全球挂靠港效率统计排名中,宁波港名列前茅。

经过20多年努力,宁波港带动了一大批临港大工业项目,宁波临港工业初步形成了一条绵延20多公里的以能源、石化、钢铁、造纸、修造船为主体的沿海临港工业带,成为华东地区重要的能源基地和浙江省临港重化工业集聚区。临港工业增加值已占全市规模以上工业企业的20%以上。

2. 内引外联港城互动

发挥港口优势,发展现代物流业,打造国际贸易平台,是许多港口城市的共同规律。从迅猛发展的港口物流来看,宁波服务业发展独具天然优势。宁波港自然条件得天独厚,内外辐射便捷,向外直接面向东亚及整个环太平洋地区,实现了航线“全球通”;向内不仅可连接沿海各港口,而且通过江海联运直接覆盖整个华东地区及经济发达的长江流域,形成同时面向世界的对外扇面和眼朝内陆的对内扇面的“两个扇面”。

依托港口优势,通过内外两个扇面无缝对接,宁波物流业得以迅猛发展:2006年全市物流业增加值近300亿元,占GDP比重超过10%,高于杭州、青岛、苏州等城市约1个百分点,发展速度比全省平均水平高约2个百分点。仅宁波港集团完成货物吞吐量1.114亿吨,同比增长9.2%,比去年同期净增930万吨,其中完成外贸货物吞吐量7000万吨,同比增长12.3%。

近三年来,每年都有数十家物流、货代外资企业落户宁波。2006年宁波市新批交通运输、仓储业外资项目25个,合同利用外资2.71亿美元,实际利用外资1.22亿美元,同比分别增长68%和115%。全球国际航运行业排名前15位的意邮有限公司就有两个总投资均为9900万美元的物流项目落户北仑区。马士基、联邦快递、MSC等国际物流巨头均已进驻宁波。这些外资项目的引进,极大地提高了宁波物流和运输能力,促进了宁波港口发展。

随着宁波现代物流企业的迅速发展,物流集聚区块逐步形成。围绕港口服务、制造业基地建设、城乡配送等需求,逐步形成以北仑港区、镇海化工园区、杭州湾大桥和沿海产业带为支撑的环形现代物流圈。《福布斯》杂志2006年发布的“中国大陆最适宜发展物流城市榜单”,宁波名列前三甲,表明了宁波物流业发展的良好前景。

3. 蓝色引擎助力宁波经济

随着“以港兴市”战略的深入实施,宁波市港口的发展实力和地位明显提升。依托港口的资源优势和集散功能，现代物流业发展势头良好，从而带动宁波服务业的整体发展。2006年服务业实现增加值1149.1亿元，占地区生产总值比重首次超过40%。宁波市服务业的增长速度已连续两年领先第二产业，其占地区生产总值比重也逐步提升。服务业成为宁波经济发展新的引擎，正在全面发力。

宁波市以港口建设为重点，优化港群功能，加快发展临港产业带，构筑全市经济增长战略新高地，从整体上推动和加快经济强市的建设步伐。2010年物流业主要发展目标是：努力保持物流业发展速度比全市服务业发展速度高1至2个百分点，港口集装箱吞吐量达1100万TEU以上，现代物流业的增加值占GDP比重达12%以上，社会物流总成本占GDP比重下降到16%以内，基本确立浙江省重要综合物流中心及长三角国际物流枢纽地位。

为了进一步完善城市综合服务功能，推动产业结构升级，宁波市提出了建立“三个圈层、四个平台”的新型现代服务业体系的目标。随着开发集聚一批功能区块、搭建营造一批支撑平台、生成建设一批重点项目的“三个一批”工程的稳步推进，为服务业到2020年基本构筑与长三角南翼经济中心和现代化国际港口城市相适应的现代服务业体系的战略目标上了“保险”。

二、宁波市发展港口与物流业主要做法与经验

（一）宁波市发展港口物流业的主要做法

1. 大力发展集装箱运输。集装箱运输是现代海运业先进生产力的集中体现，也是港口现代化、国际化的重要标志。采取有效措施，加大货源组织力度，将腹地现实和潜在货源转化为到港货源；积极创造条件，开辟新航线，努力拓展国际集装箱远洋运输干线，发展近洋支线，增加集装箱航班密度。

2. 加快集疏运网络建设。宁波市十分注重完善以港口为核心的集疏运网络体系。为此，加快杭州湾跨海大桥及连接线、绕城高速、宁波栎社机场二期、甬台温铁路、杭甬运河等重点交通集疏运网络工程建设，使港口与全国的交通网络相连接，形成高效、便捷的通道，拓展腹地，把宁波港腹地扩大到浙江全省和上海、江苏、江西、安徽等地。协调解决疏港交通与城市交通的关系。

3. 加大基础设施投入力度。宁波港充分利用水深优势，参与港口间的国际竞争与合作，“十五”期间，按专业化、大型化、现代化的要求，总共投入约130亿

元，建成投产生产性泊位42个，其中深水泊位30个，新增通过能力1.24亿吨，为生产运输奠定了坚实基础。

4. 加强深水岸线的规划管理和开发。宁波港建设坚持了“科学规划、合理布局、深水深用”的原则，避免重复建设和资源浪费。同时，重视从宏观的、战略的、全局的高度开展规划研究，组织聘请一些国内外港口专家、学者，针对国内外港口发展的形势开展战略研究，为宁波港发展提供科学的理论指导和决策依据。

5. 整合港口资源，加快宁波舟山港口一体化建设步伐。第一，宁波舟山港口处于同一海域，为加快实施国家制定的长三角港口建设规划，认真贯彻浙江省委、省政府“八八战略”，按照统一规划，联合开发的思路，共创“宁波·舟山港”牌。第二，突出推进北仑、金塘、六横、梅山、衡山等重点区域规划开发，突破一批重要港口项目开发建设，重点建设北仑五期集装箱码头、金塘大浦口集装箱码头、上岙集装箱码头、鼠浪岛矿石中转码头、大榭招商国际集装箱码头、梅山多用途码头、六横凉潭项目和若干个大型油码头等港口基础设施项目，总投资337亿元，其中“十一五”期间完成投资198亿元。至2015年，宁波—舟山港将形成超过30个大型集装箱泊位和一批大宗散货泊位，集装箱年实际处理能力超过2000万TEU，从而发展成为国际一流的深水枢纽港。第三，进一步完善宁波舟山港口一体化有关规划，共同推进基础设施一体化进程。宁波、舟山两港拥有丰富深水岸线资源优势，根据国家制定的长三角地区港口建设规划和宁波舟山港口一体化的要求，在统筹规划、合理使用岸线的原则指导下进一步完善本地区港口规划布局，以规划指导岸线开发和保护。同时共同推进基础设施一体化工作，加快推进舟山大陆连岛工程建设，积极配合省厅抓紧进行六横—梅山跨海大桥及接线路网前期工作，抓紧虾峙门航道整治工程，加快推进条帚门航道开发前期工作，继续加快一批锚地和港作船基地建设，加快推进220千伏舟山大陆电力联网工程、舟山大陆二期引水工程。

(二)宁波市发展港口物流业的主要经验

宁波港发展取得的巨大成就，从本源上得益于持续快速发展的长江三角洲、浙江省经济贸易、得天独厚的地理区位和深水资源条件。宁波市能将其转化为港口的经济和竞争优势，与政府在发展理念、功能定位、实施机制、多元化模式和竞争策略等方面采取的对策措施密不可分。值得借鉴的成功经验有：

第一,有各级政府的准确定位和有效支持。1995 年底,中央决定建设上海国际航运中心时,宁波港仅有 1 个集装箱泊位和 16 万 TEU 吞吐量的薄弱基础,难免招致不同政府层面、行业内外人士怀疑的目光。但在充分科学论证的基础上,交通部提出了上海国际航运中心集装箱枢纽港“中心两翼型”布局方案,将宁波港作为枢纽港的南翼,从而明确了宁波港的发展定位。浙江省、宁波市政府从着眼区域国民经济和对外贸易发展的高度,顺应集装箱干线港发展的一般规律,承担了起步阶段最需要的政府推动作用,1996 年及时出台了集装箱运输高速公路收费减免等政策,极大地促进了港口集装箱运输,吞吐量增幅连续多年列八大干线港第一,在国内和全球的排名直线上升,已经成为名副其实的集装箱干线港。事实表明,中央政府的决策定位远见卓识,浙江省、宁波市政府的对策卓有成效。

第二,建立了符合港口特性的保障机制。在综合运输体系中,沿海港口既组织水水中转,更多的是组织与其他方式的中转换装运输,是海陆联运的节点,表明除极少数纯水水中转港外,港口枢纽一般不能失去其他方式的支撑而独立存在。沿海港口通过内陆集疏运网络和连接全球的海上航线网络,为国内南北物资交流和对外贸易服务,有着向内和向外两个扇形的辐射面,属于汇集多种运输方式和线路的综合性枢纽。港口以水运为基础,但其地位作用又超出了水运的范畴,应将其从水运基础设施提升到综合运输枢纽的高度。宁波港是汇集了公路、铁路、内河、管道等运输方式的综合性枢纽,其规划、建设和营运需要众多部门、行业的支持配合,政府的衔接、协调任务繁重而又关键。宁波市政府正是从港口枢纽的综合性出发,主动承担政府协调职能,积极应对现行条块分割的管理体制,连续采取副市长兼任港务局局长的方式,充分发挥行政资源在协调各部门关系的独特作用,减少了行政运行成本,提高了行政效率,为宁波港的快速发展提供了机制保障。事实证明,宁波港能够发展成为我国沿海第二大港,宁波市政府这一举措英明正确。

第三,推行了渐进式的改革和发展模式。“十五”期,交通部实施以港口下放和政企分开为核心的港口管理体制改革,迎来国内外宏观环境良好、运输需求旺盛的发展期,压船压港再度出现,宁波港面临巨大压力,建设任务繁重。为了抓住难得的发展机遇,延续良好的发展态势,宁波市政府采取了积极但又稳妥的改革方案和实施计划,努力平衡管理体制改革与继续原有运行模式之间的关系，确保了港口稳定快速发展。此外，在市场经济环境下，港口多元化是大势所趋，宁波市政府推行了符合现阶段我国经济社会发展特性的渐进式多元化模式。从政府层面，在吸引国内外港航企业进入的过程中，始终将宁波港口集团视为全市港航事业发展的旗舰和龙头，着力扶植宁波港口集团参与合资合作建设经营码头，既发挥了国有港口集团几十年来形成的基础设施、资产资金、人才技术和人脉资源等优势，以及在港口规划、前期研究、建设经营等方面的丰富经验和雄厚实力，同时又引进了国内外先进的经营理念、管理经验和建设资金，加快了港口建设步伐，形成了有效的内部竞争态势，从而提高了全港的综合竞争力。从企业层面，宁波港口集团积极转变角色、找准定位、顺势而为，努力使自己成为实现政府意志和发展目标的主力军，实现了与政府共谋、与新投资者共存的多赢局面，在政府搭建的这一平台上提升了自身实力，并得到了应有的资源和利益。在我国沿海港口多元化所需体制、机制等基础条件尚不完备的形势下，宁波市很好地规避了由于利益格局剧烈变化可能造成的人为阻力和不利影响，找到了做大与做强、有效竞争与自然垄断之间的平衡点。

第四，有积极应对港口竞争的发展策略。在市场经济环境下，港口之间腹地界限日益模糊和变化，竞争日趋激烈。宁波港与上海港在集装箱运输的数量规模和运作层次上均存有梯度差异，总体上处于弱势，但在起步开辟远洋干线方面的时间差并不大，从而加剧了竞争的激烈程度，在初期甚至经历了不正当手段的挤压和航线航班波动的考验。面对困难和压力，宁波港人不怨天尤人，变竞争压力为发展动力，紧紧抓住设施供给和市场开拓两条战线不放松。以打时间差的策略适度超前建设码头设施，保证能力连续供给；以服务至上的策略拓展市场空间，深入腹地走访货主企业，着力开拓箱源市场，特别是在政府的支持下，在金华、义乌、绍兴等地开辟“无水港”，积极延伸口岸服务功能，形成了几乎覆盖全省的集装箱运输网络。从辩证唯物的角度，宁波港集装箱运输的高速发展得益于上海港的强力竞争。

第五，着力推进港口与临港工业协同发展。浙江是资源贫省和地域、市场小省，宁波市的发展定位是全省的能源原材料基地，主要依托的就是优越的区位和得天独厚的深水港两大优势。浙江省、宁波市充分发挥宁波港在国家“两种资源、两个市场”战略中的先导性和基础性作用，积极引导大型石化、电力、造纸、钢铁、汽车、粮食加工等产业沿海临港布局，临港产业集群发展初具规模，如镇海炼化原油加工能力达2000万吨，北仑电厂总装机容量300万千瓦，中华纸业年产涂布白板纸40万吨，均列国内同行业前列，临港工业成为宁波市国民经济的增长点、税收和社会就业的主渠道之一。宁波市港口、产业、城市联动发展效益显著，既促进了宁波港做大做强，更支撑着宁波市成为经济和贸易大市。

事在人为。宁波港今天的发展成就，除政府的战略定位和决策外，最终还应该归功于宁波传承的“经世致用、兼容并蓄、工商皆本、开拓创新”的浙东文化，宁波人素有不事张扬的务实品性、埋头苦干的奋斗精神和重商重教的文化传统。在深厚的文化底蕴的滋养下，宁波市政府和宁波港人注重引进和培养各种人才，发扬多干少说、艰苦创业的精神，实现了对沿海传统大港的连续超越，使宁波港的发展充满生机和活力。

三、惠州市港口与物流业发展的现状及有关意见和建议

（一）惠州市港口建设与物流业发展现状

惠州市沿海港口起步较晚，20世纪90年代初才开始启动，1992年建成了2个3万吨级和1个万吨级货运泊位。大亚湾海域水深、浪小、泥沙淤积小，港口陆域形成条件良好且都是非农用地，天然条件相当优越，有形成方便快捷的港口集疏运的条件，吸引了众多投资商的注目。目前，惠州市沿海港口已建成生产性泊位26个，其中万吨级以上泊位12个（含30万吨级泊位1个、15万吨级泊位2个），设计年吞吐能力已达5000万吨以上。全港拥有了一批原油、化工和通用泊位，东马港区建成了珠江三角洲港口群等级最高的30万吨级进港航道和码头泊位；全港基本形成了以荃湾和东马两大港区为核心，澳头、碧甲、港口等港区（点）为补充的发展格局。

2006年惠州沿海港口完成吞吐量1829万吨，预计2007年将达2500万吨。虽然目前惠州市港口规模和货物吞吐量与周边港口相比还有很大的差距，但发展前景十分广阔。目前，中海油炼油项目7个泊位（其中包括30万吨级原油接卸泊位1个）开工在建，计划2008年底投产，荃湾港区2个5万吨级集装箱泊位、2个5万吨级煤炭中转泊位和碧甲港区平海电厂10万吨级配套码头前期工作紧锣密鼓，预计今明两年将陆续开工，力争2010年沿海港口货物吞吐量达到5000万吨、集装箱50万TEU。

2006年,惠州港已经发展成为我国沿海区域性重要港口和外贸原油的主要接卸港之一,是珠江三角洲港口群东部的重要组成部分,在区域国民经济和对外贸易发展中发挥了积极作用。主要体现在以下四个方面:一是服务地区经济和对外贸易发展,惠州港在十五期间累计完成吞吐量6926万吨,其中外贸吞吐量4673万吨,完成集装箱吞吐量120万TEU,为珠江三角洲国民经济发展提供了良好的运输保障。二是服务并引导了重化工布局与发展,五年来惠州港为广州石化总厂接卸外贸原油3465万吨,大亚湾优良的港口开发条件吸引了壳牌80万吨乙烯、中海油1200万吨炼厂等大型石化项目的建设,在引导重化工临港布局的先导性作用明显,东马港区已经成为珠江三角洲、特别是大亚湾石化基地布局发展的重要依托。三是提升了珠江三角洲港口群的综合竞争力,东马港区25万吨级进港航道和30万吨级原油泊位的建设,填补了整个珠江三角洲港口群中深水航道和大型深水泊位的空白,基本形成了珠江三角洲港口群东翼,优化了区域港口群布局,提升了珠江三角洲港口群的等级规模和在全国沿海港口中的综合竞争实力。四是促进了惠州市经济和城市的发展,惠州港带动了船代、货代、理货、船舶供应和劳务等相关行业的发展,同时促进了城市金融、商贸、餐饮、商住等的起步发展,与临港工业的发展一起增加了社会就业,集聚了人气,产生了城市功能与需求,促进了大亚湾港口新城的发展,“以港兴城”初见成效。

(二)关于惠州市港口与物流业发展的有关意见和建议

1. 加大力度实施“以港兴城”的发展战略

纵观上海、宁波等港口城市发展史,与西安、洛阳等古都城市历史相比有很大的差异,其显著的特点就是它们都是建立在海洋经济基础上迅速发展起来的现代化新兴城市,它们的兴旺发展史并不长,最长也不过100~200年的历史,但它们已成为全国的经济中心之一。究其原因,就是它们都是以外向型经济为主导,直接面向广阔的海外市场,成为国内经济与国际经济的接轨点。在经济全球化的今天,我国将在国际经济的分工合作中发挥越来越重要的作用,国际和国内的经济交往产生的大量进出口货物需要在沿海城市装卸、中转,巨大的运输需求量促使这些城市迅速成为交通枢纽,继而在成本最低化的规律指引下,形成工业产业中心,最终成为工商贸极致发达的经济中心城市。

在这些现代化新兴城市的发展史中,港口是最为重要平台之一,起到了关键作用,可以毫不夸张地说,没有上海港、宁波港,也就没有上海、宁波城市的今天。上海、宁波城市发展就是“以港兴城、以城促港、港城共荣”成功的范例。两市历届政府充分认识到这一点,始终坚持打好港口这张牌,并将在未来发展中取得更大的辉煌。

上海、宁波市“以港兴城”的经验非常值得惠州市学习和借鉴。惠州市也是一个沿海城市,拥有223.6公里的海岸线,具有发展海洋经济基础和实施“以港兴城”战略的基本条件。20世纪90年代以来,惠州市开始实施“以港兴城”战略,大亚湾经济技术开发区的发展正是实施“以港兴城”战略取得的丰硕成果,实践说明“以港兴城”战略在惠州市的可实施性。惠州市要在未来五年内经济总量上再造一个惠州,必须依靠外向型经济的发展,更大地参与区域间甚至国际经济的分工合作,这就很大程度必须依靠港口的发展,因此,惠州市应当坚持“以港兴城、以城促港、港城共荣”的发展战略,以港口发展带动物流业和沿海产业发展,从而带动全市经济和社会发展。

2. 制定鼓励、扶持港口发展的政策,并由市领导挂帅,加强港口发展行政推力

抓住了港口这个龙头,就抓住了发展的关键。上海、宁波市的发展经验表明:“港口有多大,经济发展就有多大,城市的发展潜力就有多大”。港口发展必然会发挥其凝聚效应,沿海产业就会围绕港口周围展开。港口是一个城市或地区招商引资的重要平台,在实施“以港兴城”战略中,政府的主要责任是搭建好“港口”这个平台,出台扶持政策,尽量做强做大港口运输业。

上海、宁波市实施“以港兴城”的战略,不是停留在口号上,而是下大力气真抓实干,制定了鼓励港口发展的政策,并由市政府牵头落实。上海市为建设洋山港区,由市长亲任深水港建设指挥部总指挥,为建设洋山深水港区创造一切有利的条件,用不到3年的时间,投资300多亿元,建成洋山港区一期工程,成为上海国际航运中心的重要里程碑,为上海港乃至上海市进一步腾飞打下了坚实的基础。宁波市多年来坚持把港口发展作为宁波市经济发展的第一要务,由副市长兼任港务局局长,有力地保障了港口的快速、健康发展。

在《全国沿海港口布局规划》中惠州港定位为地区性重要港口,主要是基于惠州港发展的现状比较薄弱。这与惠州港的未来发展是不相称的,惠州港的发展目标应定位为国家级沿海主要港口。为改变惠州市港口在华南沿海港口群中仍处于比较落后的发展实际,需要奋起直追。为此,建议市委、市政府出台

港口发展的扶持政策，优先发展港口和航运业，以港口的发展带动沿海产业乃至全市经济的发展。惠州市要加强对港口规划、建设、管理的领导，理顺港口管理体制，建立统一高效的港口管理模式，可借鉴宁波市的港口管理体制，考虑成立惠州港规划发展领导小组，由市领导亲任组长，决定和处理关系港口发展的重要问题，为惠州港的快速、健康发展创造一切有利条件。

3. 坚持以规划为先导，加强岸线的管理，合理布局，最大限度发挥港口优势

惠州市拥有 223.6 公里的海岸线，但真正能够建港的岸线不过 36 公里，港口岸线并不多而且是非常宝贵的战略性资源。根据惠州港的总体规划，惠州市沿海港口的发展潜力在 2 亿吨左右，这完全寄托于这 36 公里宝贵的宜港岸线之上。若这些宝贵的宜港岸线不能得到有效的开发利用，或被挪作他用，惠州市的港口发展容量将大打折扣，“以港兴城”的战略也就大打折扣，甚至可能成为一句空谈，那就太可惜了。因此，惠州市要以科学发展观为指导，合理规划利用宝贵的海岸线，首先把发展港口作为岸线使用的首选项目，只要能够建设港口的岸线，要优先考虑建港，不要作为它用；其次，要加强规划管理，根据深水深用的原则，合理布局港口码头泊位，最大限度提高港口的能力；最后是严格管理，港口建设必须按规划进行，不符合规划的项目要严格禁止，确保港口健康发展。

4. 加大对港口基础设施的投入，加快港口码头的建设和发展

近年来，上海、宁波港的迅猛发展，都是投资带动下的发展，上海市采取由市政府出政策、出资金的方式，用不到三年的时间建成了洋山深水港区一、二期工程。宁波港 2000 年以来投入资金约 160 亿元，建设了一大批深水码头，提高了港口的吞吐能力和综合竞争能力。因此，上海、宁波港的巨大发展成就是靠大的投入实干出来的。

为推进惠州港发展，建议市政府加大对港口建设的投入，特别是设法承担起公用航道、锚地和 VTS 系统等公用设施建设维护的投入责任，以提高港口多元化发展和水上支持保障的能力。上海、宁波市在建港上采取现由政府出资建码头，码头建好后溢价与外商洽谈合作，既加快了港口建设进度，又保证了国有资产的保值增值，使港口建设走上良性循环的道路。目前，由于惠州市财政财力有限，由政府全资建港困难大，可考虑出部分资本金或划拨土地等方式建设港口，同时加大招商引资力度，吸引港口企业和社会资金建港。

5. 重点发展公用码头，加快集装箱码头建设步伐

惠州港除荃湾港区的通用泊位外，近年来新建的码头泊位大部分为企业专用码头。许多企业到大亚湾投资，主要是看中大亚湾优良的港口资源，无论是中海壳牌南海石化项目，还是中海油1200万吨炼油项目，都是依托在大亚湾港口资源的基础上。由此，必然需要建设一些企业专用码头，来支撑沿海产业的发展，这也是港口发展初级阶段的必然道路。但从全国沿海港口看，企业专用码头能力利用率偏低现象较为普遍，影响宝贵资源开发效率，这也是目前惠州市沿海港口发展已经出现的问题。我们应清醒地看到，惠州市港口资源并不是用之不竭的，而是非常有限的，随着沿海产业的发展，若仍走企业自建自用码头的方式，必然导致港口资源迅速衰竭，制约惠州港未来的可持续发展。为此，惠州港应尽量多建公用码头和公用航道，避免港口资源开发私有化，使之更好地为腹地内更多的厂矿企业服务。对于现有的企业专用码头可在条件成熟时采用收购的方式，在保证原业主的使用外，腾出剩余能力，为更多的企业服务，使港口效率最大化。同时，也可以降低货主的初期建设成本，创造有利条件来招商引资，促使惠州市经济可持续发展。

集装箱运输是现代物流运输的主流方向，惠州港目前仅有1个5000吨级的集装箱专业泊位，泊位等级低、能力小，难以满足惠州市集装箱运输发展的要求。因此，惠州港应加快深水集装箱码头建设步伐，同时根据腹地产业发展的需要适当发展石化、煤炭、矿石等专业公用型码头，使惠州港朝现代化、综合化、多功能化方向发展。

6. 加快港口集疏运网络的发展，扩大经济腹地

港口发展与腹地经济相辅相成，离开腹地谈港口发展是无根之木。港口发展需要腹地经济的支持，腹地的扩大对港口发展有着重要的促进作用。一般来说，港口经济腹地越大，集散的货物越多，对港口发展的需求量越大，港口发展的动力就越大。宁波港近年来得以快速发展，也正是其腹地不断扩大而发生质变的结果。目前，惠州港的经济腹地范围还很窄，几乎仅限于惠州市域范围，这是惠州港发展动力不足的根源。然而，惠州港拥有珠三角乃至华南沿海难得的天然良港资源，按全国交通行业权威人士的说法，惠州港的服务范围不能仅限于惠州市，也应为河源、梅州等粤东地区、全省乃至江西等地服务，也就是说惠州港不仅是惠州的惠州港，而且是全国的惠州港，只有跳出惠州发展惠州港，惠

州港才能成为像宁波港一样的国家级枢纽港。因此,增大经济腹地,是惠州港发展的当务之急。

港口与腹地须通过港口的集疏运系统来联系,方便快捷的集疏运系统,可以将港口的货物迅速疏散到腹地,腹地的货物快速便捷地集聚到港。因此,港口建设不仅仅是建设码头泊位,同时要建设码头后方的服务设施,更要完善其集疏运系统,要把港口建设作为系统工程来建设。惠州港集疏运系统包括铁路、公路和管道等。铁路方面,惠州港可通过京九铁路将腹地延伸到河源、梅州、江西等地,使惠州港成为京九铁路南端最便捷的出海口。目前,连接京九铁路的惠大铁路一期已完成,但由于二期进港线未完成,没有真正实现铁水联运,致使惠州港的货物无法通过铁路快速输运到广大腹地,仍欠缺临门一脚的功夫。为此,建议要加快惠大铁路二期进港支线的建设步伐,早日将铁路支线伸入码头作业区,使港口货物能够通过铁路疏运到腹地。公路方面,港口的货物最好通过高速公路或专用公路来集散。惠州市高速公路网比较发达,但与港口的衔接仍不够紧密。惠州港荃湾港区的货物目前可通过惠澳大道来集散,可基本满足目前港口货物的集疏运要求,但从长远来看,由于惠澳大道上下高速公路并不方便,而荃湾港区的货物主要是南北向流动,因此,需要建设一条南北向的疏港高速公路,通过其连入高速公路网,将货物输运到经济腹地。规划中的惠州港碧甲港区,是惠州市又一个优良深水港区,由于集疏运系统所限,目前仍处于相当低的开发水平。开发碧甲港区必须首先解决其集散系统,广惠高速公路东延线是将高速公路延伸至碧甲港区,将极大地带动碧甲港区的开发,从而带动稔平半岛的全面开发,将使稔平半岛成为惠州市继大亚湾经济技术开发区之后的另一个重要的沿海经济发展区。为此,建议市委、市政府出台优惠政策,加快惠大高速和广惠高速公路东延线的建设步伐,从根本上解决港口集疏运问题,为惠州港的腾飞创造条件。

7. 妥善处理好港口与沿海工业产业布局的关系

沿海产业包括港口运输业和沿海工业等,其中港口运输业是带动沿海工业发展的原动力,是龙头产业。上海市、宁波市在介绍城市发展经验时必言港口是其发展的龙头,而从未见其言其他沿海产业为龙头产业,可见港口运输业具有其他沿海产业不可比拟的基础地位。但由于港口码头是水运和陆运的结合点,只能建设在水深条件、波浪条件和陆域条件均较好的岸线上,因此,一般来说在沿海产业布局上港口码头布置在沿海第一线，而一般沿海其他产业，如仓储、炼油、发电等依托港口的产业放在港口码头后方，其选址是较为灵活的，当港口码头建设与沿海产业选址有冲突时，应毫无疑问地将岸线让给港口建设，保证港口用地。

港口资源需要保护与开发并重，保护是为了以后更好的开发。对于宜港岸线，尽管当前暂时没有建港，但也不应被其他项目占用，要将宜港岸线保护好，留作未来建港之用，不要为眼前的利益所局限，若宝贵的宜港资源被占用是得不偿失的，将影响惠州港未来的发展。这是港口资源保护的难点所在，需要我们保持清醒的认识。

8. 创造开辟固定航线和航班的条件，提高港口竞争力

只有拥有众多固定航线和航班的港口才是成熟的港口，才能吸引社会货流到港口来进出。港口运输业包括两个方面要素，一是不动的港口码头设施，二是运动的运输工具船舶，两者缺一不可，而进港船舶一般有固定的航线和航班。目前惠州港的固定航线和航班很少，导致惠州港的知名度和竞争力还处于相当低的水平。接下来，惠州市要创造条件开通近远洋航线的固定航班，积极引进远洋运输企业，建立内、外贸航运基地，开通国内外固定航线，才能使惠州港逐步走向成熟，加快惠州市港口物流业发展。

9. 出台鼓励、支持物流业发展的政策，加快港口物流业的发展

上海、宁波依托港口发展物流业的经验和做法对我们发展港口物流业具有重要的借鉴意义。依托港口发展物流业，使运输、仓储、销售和相关服务一体化，是扩大经济规模、提高经济效益的必然选择。惠州市应加强港口建设和物流业协调发展的规划和研究，出台相应政策措施，使港口建设和港口物流业的发展齐头并进，为惠州市经济的又好又快发展注入强劲的动力。

10. 积极利用外脑，加强专业人才培养

建议市政府出面聘请高水平的港口咨询机构及专家为惠州市港口发展出谋献策，积极引进和培养港口专业人才。港口规划建设和管理是一门科学，需要具有专门的知识和经验，掌握国内外港口建设和管理的港口企业家和专业技术管理人才。目前，惠州港的港口管理人才偏紧，无法适应未来惠州港发展的要求，要使惠州港的规划建设和管理走向成熟，可一方面培训现有的员工，另一方面引进一批高素质的人才。对于惠州港规划建设的一些重要问题，可邀请高

水平的港口咨询机构及专家，进行详细的研究论证，出谋献策，为惠州港的未来发展谋划正确之道，拓展捷径。惠州港的未来发展要由有活力、有能力、有毅力的港口人才来推动，惠州港的明天才能更美好。

（本文发表于惠州市经济社会发展咨询论证专家库《专家观瞻》第七期 2007.2）

惠州市轨道交通发展策略建议

国务院批准的《珠江三角洲地区改革发展规划纲要(2008—2020年)》(以下简称《纲要》),赋予珠三角“科学发展,先行先试”的历史使命。《纲要》提出要实施珠三角轨道交通同城化规划,珠三角城市群将利用轨道交通连成一体,珠三角城际轨道交通即将兴起建设高潮。珠三角城际轨道交通是惠州市融入珠三角最重要最直接的纽带,惠州一定要抓住省实施珠三角城际轨道交通建设的机遇,带动和促进惠州市规划的轨道交通网的建设,增强城市竞争力,在实施珠三角地区改革发展纲要中占得先机,饮到“头啖汤”,促进惠州经济和社会全面发展。下面,结合国内外轨道交通发展概况,就加快惠州的轨道交通建设课题提几点策略性的建议。

一、轨道交通的发展历程及意义

(一)发展轨道交通的意义和作用

1994年4月,在新加坡召开的国际市长会议提出,城市轨道交通是现代化城市的标志。作为城市公共交通系统的一个重要组成部分,在我国国家标准《城市公共交通常用名词术语》中,城市轨道交通被定义为“通常以电能为动力,采取轮轨运转方式的快速大运量公共交通之总称”。目前,国际上轨道交通有地铁、轻轨、单轨交通、新交通、市郊铁路、有轨电车以及悬浮列车等多种类型,号称“城市交通的主动脉”。它们虽然各有特色,但都能为居民提供优质快速的交通服务,都具有客运量大、速度快、安全、正点、污染小、能耗低、方便舒适,世界上称之为“绿色交通”。

轨道交通的意义和作用主要体现在如下几方面:

1. 缓解城市交通拥堵

目前中国城市交通发展同时承受着城市化和机动化的双重压力,受到生态环境保护和土地资源短缺的制约。城市的土地法利用开发强度和人口密度较高,客流大量集中。如今,国内一些大城市的中心区已经形成了大量的集中客流走廊,常规交通方式已经难以承受,城市出现了道路交通拥挤、停车困难,甚至中心区功能的衰退。从交通需求的角度来看,中国的一些大城市已经到了必须加快轨道交通系统建设的关键时期。

2. 改善城市环境,建立可持续发展的公共交通体系

轨道交通在资源节约、环境保护和运输效率等方面存在很大的优势。城市轨道交通建设的意义绝不是局限于缓解城市交通的拥堵问题,应该站在国家能源战略、城镇化战略的高度,从节约使用资源、统筹社会发展、改善人民生活等方面,全面理解城市轨道交通的建设意义。

3. 带动轨道交通周边区域经济的发展

轨道交通促进城市社会、经济、资源和环境的协调发展,使城市走向可持续发展的道路。轨道交通的建设会形成综合的"轨道交通经济效益"。比如,客流的增加使周边的商业繁荣,交通和环境的改善将带动地价的升值,对房地产业产生利好影响。在香港、东京等地铁发达的城市,地铁上盖物业已成为最具升值潜力的项目。地铁新通的地区将形成新的商业与居住中心,同时,地铁经过的地段,商业物业将从中受益。

4. 有助于引导城市发展,对城市建设和规划发展有明显的导向作用

轨道交通发展使城市沿轨道交通廊道轴向发展,市区密集人口可能疏散到郊区卫星城。轨道交通所到之处楼宇得以兴旺,土地增值、人口增加,居住、商业、文化、社会等区域性功能迅速形成。对于解决城市矛盾(人口、交通密度等)、改变城市布局、实现城市环境和交通综合治理、引导城市发展都有着重大的作用。可以说,轨道交通是城市交通的生命线、城市经济的繁荣线以及城市发展的引导线。有了大运输量、高速正点的地铁和轻轨,人们白天到市中心上班,享受城市文明,晚上可远离喧闹的市中心,住进环境优美的郊区。

(二)世界及我国轨道交通的发展历程

世界上城市轨道交通的发展经历了四个阶段:初步发展阶段(1863—1924年)、停滞萎缩阶段(1924—1949年)、再发展阶段(1949—1969年)、高速发展阶段(1970—至今)。自1863年1月10日世界上第一条地铁在伦敦建成通车以来,城市轨道交通的诞生和发展已有100多年的历史,但重视和大规模修建城市轨道交通系统则是在20世纪70年代以后。

中国地铁的建设从20世纪50年代开始筹划,60年代开始建设的。1969年北京地铁一期工程23.6公里建成。一直到20世纪80年代末,只有北京地铁一线和环线共计40公里。之后,天津地铁7.4公里线路投入运营。此时,我国虽然开始实行改革开放,建立市场经济体制,但基本上还是处于计划经济体制,城市交通消费需求一直没有得到释放,表现为交通需求总量增长幅度不大,交通基础设施投入占国民经济比重较低,城市轨道交通建设资金投入不大,没有形成轨道交通网络,所担负的城市居民出行比例偏低,轨道交通的发展速度相当迟缓。因此,这一时期城市轨道交通建设表现为:城市轨道交通形式比较单一,轨道交通建设以满足人防战备要求为基本原则,同时兼顾部分城市交通的功能。

进入20世纪90年代后,随着中国经济体制改革的逐步深入,使得部分计划经济时期长期潜在的社会消费需求得到释放,促使社会经济迅速发展,城市交通需求剧增,使得中国轨道交通处于较长的高速发展期。截至目前,中国先后有北京、天津、上海、广州、深圳、武汉、南京、重庆、长春、大连等10个城市已建成轨道交通772.5公里,其中广东省已建成轨道交通127.9公里。除了建设市内轨道交通系统,近来,我国兴起了建设城际轨道交通的潮流,比如为2008年北京奥运会服务的重点工程项目北京至天津的城际客运专线使两市之间的时间距离缩短为26分钟,同城化的感觉非常明显。除了里程增加外,中国的轨道交通也由原先的地铁一种形式向多样化方向发展,如上海的磁悬浮、大连的快速轻轨、重庆的单轨等。

目前,我国10个城市已建成的轨道交通承担了大量的客流,在城市交通中逐步发挥了不可替代的作用,占公共交通运量的比重逐年上升,已达12%~20%的比例。同时,促进了轨道交通沿线土地开发,加快了城市发展,产生了明显的国民经济效益和社会效益。轨道建设和运营实践,证明了轨道交通的发展,对解决大城市交通拥堵、提高环境质量、调整城市区域结构和产业布局以及拉动城市社会经济持续发展和合理布局的突出作用。

未来几年,随着城市化的快速推进,我国城市轨道交通网络建设还将继续迅猛发展。目前,我国城市规划建设的轨道交通网络总里程已达3000公里,总投资估算将超过10000亿元。除10个城市拥有已建成的轨道交通线路外,全国规划建设轨道交通网络的城市则已有25个(表1)。

国内轨道交通建设的省、市一览表　　表1

序号		已建并运营	已立项建设中	正在报批中	尚在筹备	小计
1	直辖市	北京市,上海市 重庆市,天津市				4
2	辽宁省	大连市	沈阳市			2
3	江苏省	南京市		苏州市	常州、无锡	3
4	湖北省	武汉市				1
5	四川省		成都市			1
6	陕西省		西安市			1
7	广东省	广州市、深圳市		佛山、东莞	珠海	5
8	河北省				石家庄	1
9	河南省			郑州		1
10	吉林省	长春市				1
11	黑龙江		哈尔滨			1
12	山东省			青岛	济南	2
13	安徽省				合肥	1
14	浙江省		杭州市	宁波	温州	3
15	福建省				福州、厦门	2
16	湖南省				长沙	1
17	云南省				昆明	1
18	广西壮族自治区				南宁	1
19	贵州省				贵阳	1
20	新疆维吾尔自治区				乌鲁木齐	1
	合计	10	5	6	14	35

注:此表为已将轨道交通规划上报国家审批的城市。

二、各地发展轨道交通的主要经验及教训

(一)发展轨道交通的主要经验

1. 轨道交通是解决城市中心区的交通拥堵问题的有效手段。为解决城市交通拥堵问题,世界上各大城市几乎都在走支持大运量公共交通系统发展,控制小汽车盲目发展的道路,发展轨道交通成为现代化城市发展的必然措施。轨道交通是大城市交通运输的骨干,已形成轨道交通网络的城市,居民出行一般

步行5~10分钟就可乘坐轨道交通,非常方便。

2. 轨道交通规划是发展轨道交通的前提。轨道交通建设投资巨大、周期长、管理复杂,工程投资动辄几十亿甚至上百亿元。做好轨道交通工程项目前期工作非常重要,特别是轨道交通的规划尤为重要,它几乎决定了一个城市轨道交通发展的成败。为此,规划要有科学性、可行性、经济性、前瞻性。轨道交通特别是地铁,不同于其他交通项目,它一旦实施后,若出现问题几乎无法更改,因此,其规划必须具有科学性、合理性和可行性。一般来说,轨道交通建设的成本在规划阶段已基本定局,规划的好坏很大程度决定了轨道交通项目的经济性。从世界各地轨道交通的发展来看,轨道交通都是名副其实的百年大计工程,为此,要求轨道交通建设必须具有很好的前瞻性,以使其能够长时间地服务社会,不至于过早落伍而无法使用,影响投资效益。

轨道交通规划要尽量做细,使之具有足够的可操作性。超前控制土地规划,有时需要控制几十年,这都是非常必要的。这样就可有效地减少征地拆迁的困难,降低轨道交通的建设成本,加快其建设进度,使轨道交通尽快发挥其应有的效益和作用。

3. 轨道交通建设要因地制宜,与环境相协调。轨道交通包括地下、地面、架空等方式,造价相差很大,一般以地下线路为主的地铁工程,平均每公里造价在5亿~6亿元,高架线路平均每公里造价在2亿~3亿元左右,地面铺设平均每公里造价在1亿~2亿元左右。因此,在选择轨道交通敷设形式时要结合本地实际,要根据当地的地形、已建成的城市区域的地面建筑物及道路情况、未来的城市发展规划情况等合理选择轨道交通敷设形式。要综合考虑技术可行性、经济性,重视环保问题,注重换乘组织,合理设置车站、停车场等配套场所。

4. 长远规划与近期实施相结合。轨道交通规划是全盘的,由于资金及城市发展的需求等因素影响,需要通过长达几十年的建设才能全部实现。轨道交通建设要依据经济技术的能力及实际需求,分期、分批、分段开工,分段调试运营,建成一条,投产一条,尽快取得社会经济的效益,滚动发展,逐步实现长远规划目标。

5. 采用多种渠道筹集资金,加快轨道交通的发展。轨道交通项目,投资巨大,投资回收期长,是资金推动型的半公益性事业。考虑到轨道交通社会效益远高于经济效益,社会资金一般不太愿意进入这个领域,因此,各地轨道交通建设都依靠国家、省、市财政补贴。有些城市还规定税收的一定比例用于轨道交通建设，还鼓励大的企业、财团参与轨道交通建设和管理。积极利用世界银行贷款和发达国家的低息贷款发展城市轨道交通。

6. 轨道交通的建设需要政府的大力支持和推进。轨道交通是关系到国计民生的大事，具有巨大的社会效益，对城市发展具有重大影响，是各大城市管理者考虑的首要问题，许多地方政府把它列为头等民心工程。轨道交通建设离开政府的关心支持，将举步维艰，几乎不可能成功。各大城市发展轨道交通都是以政府为主体，由市主要领导挂帅，各职能部门参与支持，共同推进。

7. 轨道交通建设要积极吸取世界各国及国内的先进技术和经验，做到先进性与经济性的和谐统一。轨道交通是一门包括土木、机械、自动化、计算机、新材料、通信信号、环控、防灾等专业的系统工程，很多方面体现了当今世界最新高新技术。应尽量借鉴一些发达国家和我国一些城市已积累的大量轨道交通建设成功经验和先进技术，才能少走弯路。轨道交通建设，一方面要随时吸收国外先进的技术和设备，同时要不断创新，坚持走国产化道路，才能最大限度掌握和控制核心技术，降低工程造价。

（二）国内一些城市轨道交通建设的教训

1. 轨道交通线网规划滞后，规划考虑不够全面，未能和城市发展相协调；或随意变动规划，导致换乘车站换乘不便，工程实施困难；线网资源没有得到共享，造成建设资金浪费。有的线路建设时序欠妥，运营后客流明显不足，导致运营严重亏损，经济效益和社会效益都达不到规划目标。

2. 轨道交通线路功能定位欠清晰，导致站点设置、系统制式与服务客流不相匹配。有的线路过长，设置站点多，造成旅行速度低；有的沿线竞相争取设置车站，但过多设站又会不合理减慢车速，增加工程投资。

3. 轨道交通与地面其他交通方式的衔接规划以及配套建设滞后。换乘枢纽、公交接驳、停车场不能及时配套，公交线路的匹配不合理，导致轨道交通不能较好的吸引客流，也就不能最大限度发挥其作用，从而影响其效益的实现。

4. 没有根据轨道交通线网规划编制相应的沿线土地控制规划，造成建设时征地拆迁量大，工程投资加大，沿线土地也未能实现综合效益最大化。由于规划滞后，没有对沿线土地进行规划控制，导致轨道交通实施难度加大。个别轨道交通项目征地拆迁费用占到总投资的10%以上，大大加大了建设成本，拖延了工期。

三、惠州市发展轨道交通的必要性

(一)内部交通发展的要求

随着汽车拥有量的增加,交通拥堵现象将越来越明显,汽车尾气带来的空气污染越来越严重,许多大城市出现过的交通问题已在惠州逐渐显现,也成了惠州面临的急需解决的问题。发展轨道交通是各大城市解决城市交通问题的必然选择和有效手段,也是惠州即将要走的道路。因此,发展轨道交通是惠州交通现代化的必然选择,是提高城市品位的有效手段。

由于轨道交通是一项投资大,建设时间长,影响深远的城市交通建设的重要项目,是城市交通发展的标志性工程,国家对发展轨道交通要求比较严格,对发展轨道交通的城市设置了一定的条件(表2)。只有具备这些条件的城市,才能得到国家批准开工建设轨道交通。

我国轨道交通发展的基本审批条件 表2

线路运量等级		建设开工年			初期单向高峰小时最大断面流量(万人/h)	远期单向高峰小时最大断面流量(万人/h)
		城区人口(万人)	国内生产总值GDP(亿元)	地方财政一般预算收入(亿元)		
地铁	高运量	≥300	≥1000	≥100	≥1.0	(4.5)5.0万以上
	大运量					(2.5)3.0万以上
轻轨	中运量	≥150	≥600	≥60	≥0.6	1.0万以上

2008年,惠州市国内生产总值1290亿元,地方财政一般预算收入78亿元,城区人口180万人,对比上表,惠州已基本具备建设中运量轻轨的条件。一般来说,当地方财政一般预算收入达100亿元,就可考虑发展地铁。至2012年,惠州市要在经济总量上再造一个惠州,GDP要达到1700亿元左右,地方财政一般预算收入也将超过100亿元。可见,目前惠州启动轨道交通规划和建设是合适和必要的,时机已基本成熟。

(二)外部因素的影响

随着珠三角经济的快速发展,城市化的推进,珠三角区域的各个城市机动化越来越高,城市间的合作越来越紧密,要求珠三角城市群一体化整合的呼声越来越高，珠三角1小时都市圈正在逐步形成。高速公路和快速轨道交通等高效快捷的现代化交通网络，是珠三角区域城市群成为有机整体的重要依托基础条件。广东省启动实施《珠三角区域城际轨道交通网规划》，是实施《纲要》的核心内容之一。惠州应当抓住省开展珠三角区域城际轨道网建设的机遇，争取省尽早建成惠州通往广州、深圳、东莞等经济发达城市的城际轨道，分享珠三角一体化的伟大成果。

总之，惠州市建设轨道交通既是惠州市本身经济和社会发展的需要，也是珠江三角洲地区走向一体化的需要，时机已成熟，轨道交通建设将成为惠州交通现代化进程中的重要而迫切的任务之一。

四、珠三角城际轨道规划和惠州市轨道交通网规划的主要内容

(一)珠江三角洲地区城际轨道交通规划

1. 发展目标

形成以广州、深圳、珠海为枢纽，覆盖区内主要城镇，与港澳及省内其他地区相连的轨道交通网络。实现以广州为中心、主要城市间1小时互通；内圈层内部主要城市(广州、深圳、佛山、中山、珠海、东莞等)1小时互通；广州、深圳、珠海三大都市区内部1小时互通，为珠三角地区提供“公交化”的城际旅客运输服务。

到2020年，城际轨道交通运营里程达1180公里；到2030年，运营里程达1800公里。

2. 规划方案

规划城际轨道交通线路23条，线网总长约1875公里；线网密度为4.5公里/百平方公里。网络布局基本构架为“三环八射”。与惠州有关的项目包括：

(1)东莞—惠州城际，全长99公里，估算投资190亿元，近期实施(2015年前建成)；

(2)深圳—惠州城际(惠州至惠阳段)，全长43公里，估算投资113.5亿元，中期实施(2020年前建成)；

(3)广州—增城—惠州城际，全长121公里，估算投资165亿元，中期实施(2020年前建成)；

(4)深圳—惠州城际(深圳至惠阳段)，全长58公里，估算投资153.2亿元，

远期实施(2030年前建成);

(5)惠阳—惠东城际,全长38公里,估算投资50.6亿元,远期实施(2030年前建成);

(6)惠城—惠东城际,全长42公里,估算投资58.8亿元,远期实施(2030年前建成)。

(7)与省内其他地区衔接(预留与周边市衔接线位)

①与粤东地区的连接:由惠阳至惠东和惠城至惠东线向东延伸至汕尾,至汕尾后继续向东至潮汕都市区。

②与河源的连接:由深圳至惠州、东莞至惠州线向北延伸至河源。

3. 主要政策及措施

城际轨道交通设施属于准公共产品的性质,管理体制按照"政府主导、多元投资、市场运作、循序渐进"的基本原则,在省政府主导和监管前提下,实行全省城际轨道交通统一管理体制。

(1)行业管理。设立广东省轨道交通管理办公室,授权成立广东省城际轨道交通管理中心。各沿线市也要成立相应机构。

(2)投融资模式。以投资多元化为目标,由省铁路投资集团代表省政府出资参与项目投资,实行灵活的股权结构吸引地方政府和社会投资,构建轨道交通发展的投融资平台。

(3)建设与资源开发。省政府统筹城际轨道交通沿线资源的开发,以相关组团方式组建项目公司——6个线网公司,负责项目建设。

(4)运营管理。由省铁路投资集团控股组建营运公司,成立广东城际轨道东部运输公司和广东省城际轨道西部运输有限公司。

4. 有关建议

珠三角城际轨道交通规划,不仅包括了惠州与珠三角三市(广州、深圳、东莞)衔接的城际轨道,也基本包含了惠州内部的主要城区(惠城、惠阳、惠东)之间的轨道项目,并构成了惠州的轨道交通主骨架,因此,这个规划对惠州轨道交通发展是非常有利的。

若能把深圳至惠阳线延伸至大亚湾,并提前到近期(2015年前)实施,对惠州的轨道交通发展更为有利。另外,若广州—增城—惠州城际、惠州至惠阳提前至近期实施;惠阳至惠东、惠城至惠东能够提前至中期实施,对加快构建惠州轨道交通网更为有利。

(二)惠州市轨道交通网规划

《惠州市轨道交通网络规划》共规划6条线路,总长247.5公里,其中地上线路215公里,地下线路32.5公里。共设站83座,换乘站6座。其中区域城际线3条、市域组团快线3条(表3)。

惠州市轨道交通线网规划方案一览表　　表3

线路编号	起　点	终　点	功　能	长度(公里)	备　注(对应珠三角轨道交通网的线路)
1	惠州火车站	惠州火车南站	市域组团快线	46.4	②深圳—惠州城际(惠州至惠阳段)
2	沥林站	荔枝城站	区域城际快线	44.9	①东莞—惠州城际
3	新寮站	大东亚商业城站	区域城际快线	20.4	④深圳—惠州城际(深圳至惠阳段)
4	惠州火车站站	福田站	区域城际干线	59.8	③广州—增城—惠州城际
5	汽车南站	惠东站	市域组团快线	40.1	⑥惠城—惠东城际
6	惠州火车南站	惠东站	市域组团快线	35.9	⑤惠阳—惠东城际

由表3可知,惠州市的轨道交通规划与珠三角地区城际轨道交通规划大致是相同的,实际上还是处在城际轨道交通的层面,仍缺少作为公交化(为市民上下班、购物等日常出行服务)的市内轨道交通线。由于城际轨道交通与市内轨道交通的功能和服务性质有所不同,两套系统既联为一体,又有明显差别:城际轨道交通要求运行速度快,站距大,发车密度小,车辆编组大;市内轨道交通为达到公交化的目的,车辆编组小,发车密度大,站距小,运行速度慢些。因此,惠州的轨道交通规划有必要补充加密和完善市内轨道交通网规划,使之达到公交化的密度要求。

(三)进一步做好惠州轨道交通规划的建议

(1)按照"超前规划、适时建设"的原则,完善惠州轨道交通规划。各大城市的经验表明,轨道交通发展不是一朝一夕的事,需要几十年甚至上百年的建设。我们要按统一规划、分期分段实施的方法,逐步建设惠州的轨道交通。这就要求轨道规划必须高起点、高标准,具有必要的前瞻性、科学性和经济性,以减少日后规划的频繁调整,影响轨道规划的实施。

(2)轨道规划应尽量做细,确保规划的可操作性。轨道规划要达到确定线位的深度,达到能够控制用地的深度。在完成轨道交通规划的基础上,开展轨道交通用地控制规划。对轨道线网进行优化组合,轨道线路之间的线网衔接,车站的设置;不同交通方式的换乘,后勤保障、停车场等配套项目的合理设置,都要在规划中得以体现,这样才能有效保证规划的可操作性。

(3)轨道交通规划要与其他规划相协调统一。要真正发挥轨道交通在城市交通中的纽带和骨干功能,轨道交通规划应按“以人为本”的原则,注重人流疏散密集点的布局,使之换乘便捷,方便群众出行,做好与机场、铁路站场、公路客运站场、常规公交规划的衔接,形成高效的现代化综合运输体系。充分发挥轨道交通的引导作用,做好与城市总体规划的衔接,带动城市发展。

(4)重视并加快轨道交通规划的审批手续。轨道交通规划是惠州综合交通规划的一部分,但又不能局限于惠州市域范围,不仅要考虑市内轨道交通,也要考虑城际轨道交通(与广州、东莞、深圳、河源、汕尾等市),因此,惠州的轨道交通规划修编后有必要报请省审批或认可,有利于惠州轨道交通对外衔接,也有利于轨道交通的项目立项审批,最终有利于轨道交通项目的实施。

五、关于加快惠州市轨道交通建设的几点建议

鉴于轨道交通项目投资大,建设周期长,建设初期经济效益较差的实际,从各个城市初始启动轨道交通项目来看,都是政府牵头,以财政投入为主。惠州要启动轨道交通建设也需要财政资金作为主要资本金来源,但按惠州目前的财力,暂时无法拿出足够的财政资金来建设轨道交通。因此,惠州要建设轨道交通,更需要开动脑筋,开拓创新,寻求一条适合惠州有效推动轨道交通建设的道路。

(一)理顺轨道交通建设管理机制

把轨道交通纳入大交通范畴,以便实现与其他运输方式的统一协调和无缝连接。由市政府主要领导挂帅,成立惠州轨道交通建设领导小组,各有关主管部门参加,日常办事机构设在交通部门。

(二)积极探索资金筹资渠道,为轨道交通的顺利建设创造条件

轨道交通是资金推动型的项目,轨道交通发展的必要性是不容置疑的,但轨道交通建设最终还是资金说了算。也就是说,何时启动轨道交通建设都不为早,关键是何时能够筹集到轨道交通建设资金。

目前,轨道交通的建设资金筹集特点是以政府主导、多元化投资、多渠道融

资,主要筹资渠道有:

(1)政府财政资金。以财政收入为基础,争取部分国家和省补助,作为资本金。

(2)争取世界银行和亚行贷款及政府间低息贷款。

(3)国内银行贷款。包括政府的一级融资平台贷款和项目公司二级融资平台贷款。

(4)土地开发收入。包括政府卖地收入,划拨土地给项目公司开发轨道上盖收入等。

(5)项目公司在轨道交通两旁的其他附属设施,如停车场、广告的收入。

(6)在税收、行政性收费上给予减免政策。

(7)吸引社会资金作战略投资合作。可采取BT、BOT、PPP等模式,使更多的民营资本参与项目建设,减轻政府初期建设投资负担和风险,形成政府、企业和私人企业"多赢"的合作形式。

各地轨道交通融资模式各有特色,并且在不停探索中,以上的融资模式非常值得惠州学习借鉴,惠州要在此基础上认真研究,力求找到适合惠州发展轨道交通的筹资方式。只要惠州能够落实到轨道交通建设的资金,越早启动轨道交通建设对惠州发展越有利。

要推动轨道交通发展,必须有建设主体来落实。建议惠州建立一套集融资、建设、运营、经营开发、还贷一体化良性循环的具有持续发展能力的轨道交通发展公司体系。在条件成熟的情况下,可考虑成立惠州市轨道交通发展公司,代表市政府负责轨道交通项目的投资(参股或主持)建设、经营管理及相关开发事宜,前期注册资金及工作费用由市财政投入,积极引进战略投资者,多渠道筹集资金。

(三)抓住机遇,逐步建设惠州轨道交通

紧紧抓住珠三角城际轨道交通网络建设的机遇,争取在该网络建设中占得先机,利用省级资金优先建设东莞、深圳、广州通往惠州的轨道交通项目。惠州轨道交通建设应分三步走:第一步以珠三角城际轨道线为先导,利用省及广州、深圳、东莞等经济发达城市的资金优势,优先启动莞惠、深惠、广惠城际轻轨建设;第二步以此为骨架的基础上,建设加强惠东、惠阳等组团与中心组团联系的市内轨道线;第三步逐渐完善加密市内轨道交通线网。这样惠州的轨道交通网就可逐步实现，最终达到轨道交通公交化的目标。

根据珠江三角洲地区城际轨道交通规划，惠州的主要城际轨道交通主要由省统一实施，无疑对减轻惠州轨道交通建设的筹资压力，加快轨道交通建设非常有利。但也会带来一个负面的隐患，就是惠州建设轨道交通的主动权有所削弱，当然，惠州通过加强与省里的沟通，争取省里尽早实施惠州的城际轨道交通项目。

第三步公交化的市区轨道交通网，将由惠州自己组织实施和运营管理，可视城际轨道交通建设和运营情况，进行配套和加密，适时实施。

（四）降低造价，提高效益，改善和提高项目可行性

轨道交通的线位要与主要交通流基本一致，以便吸引客流，解决城市主要交通出行问题，也提高轨道交通本身的效益。同时，轨道交通与其他交通干线一致，有利于节约集约利用土地，降低工程造价。

轨道交通建设要尽量选用先进的技术。要充分借鉴兄弟城市轨道交通建设的技术、经验，避免技术力量不足或走弯路。为减少工程投资，线路敷设尽量以地面或高架线路为主，到了中心城区再转入地下。尽量做到能地面不高架，能地面少入地，以降低工程造价。轨道技术的先进性和经济性，比如轨道交通的形式和技术指标，也往往是轨道交通建设项目可行性的决定因素。

（五）轨道交通建设和管理是一门高技术的系统学科，需要具有专业知识和管理经验的人才

发展轨道交通资金和人才同等重要，目前惠州不仅缺乏资金，还缺乏人才。惠州要发展轨道交通，不仅要积极筹措资金，还要出台相应政策，积极引进和培养轨道交通建设和管理的专业人才，才能保证惠州轨道交通的可持续发展。

（本文发表于惠州市经济社会发展咨询论证专家库《专家观瞻》第十三期 2009.1）

建设大交通、促进大物流，加快构建现代综合交通一体化运输体系

惠州地处珠三角地区东部，素有粤东门户之称。2008 年 12 月国务院批准实施《珠三角地区改革发展规划纲要(2008—2020 年)》，把珠三角改革发展战略上升为国家战略，为珠三角地区的发展带来了新的千载难逢的机遇。惠州应如何抓住机遇，借助这一全面发展态势，建设大交通、促进大物流，加快构建综合交通一体化运输体系，是未来几年惠州新一轮交通发展建设面临的重要课题。未来惠州综合交通一体化如何走向，关键要把握好三个方面：

一、摸清家底——注重综合交通一体化前置思考

惠州交通事业，随着广惠高速、沈海高速(深汕高速)、长深高速(惠河高速、惠盐高速)贯穿全市，惠州港的开发、京九铁路的开通，惠州市已发展成为珠三角东翼水陆交通基础设施优良、区位交通条件优越的枢纽型城市。近年随着一批事关全局的交通重点工程先后建成通车，惠州的城市框架全面拉开，中海壳牌南海石化、中海油惠州炼化等重大项目的建成投产，惠州的经济已由"小工业时代"迈向"大工业时代"，由"沿江城市"逐渐发展为"沿海城市"，产业经济发展的区位优势日趋提升，综合运输体系格局已初步体现。

经过几年的努力，惠州的交通取得了历史性的跨越，交通环境实现了质的提升。但金融危机、资源生态的保护、周边城市的竞争、惠州经济的迅猛发展给惠州交通又好又快的发展提出了更高的要求，纵观内外，我们在公、铁、水、空、管同步发展方面还存在许多不足：首先是不平衡性，即不同运输方式的发展不平衡，公路发展较快，航道、港口正在加快发展，铁路网络仍未建成，轨道交通刚刚起步，航空虽得到国家批准惠州机场复航，但机场的改造还未进行；同种运输方式的内部不平衡，如在公路运输方式内部，是"两头快、中间慢"，即高速公路和农村公路发展较快，国省干线和地方干线发展较缓；地区

发展的不平衡，山区的交通发展相对平原地区较为滞后。第二是不合理性，包括基础设施布局不合理、运输方式的构成不合理、运力结构的不合理、体制设置的不合理等。第三是不协调性，主要指交通与产业布局的不协调、交通与城镇发展的不协调、城乡统筹的不协调、各种运输方式的不协调、建设与管养的不协调。惠州交通面临着与新时期发展不适应的诸多问题，需要通过全面审视时势，尽快着手研究制定长远发展综合交通体系规划，构建惠州新的交通格局，争取在今后几年全面建成"布局合理、衔接顺畅、能力充分、绿色安全"的一体化综合交通运输体系。

二、搭建骨架——拓展综合交通一体化发展空间

围绕构建现代综合运输体系建设的发展方向，立足惠州经济社会和交通发展的实际，今后几年，惠州将在高速公路、铁路、水运，以及航空的大项目上，展开新一轮的大发展，着力实施新型"133"工程，奋力实现"一个率先"——公路率先实现基本现代化；"三个突破"——铁路、水运、航空建设取得重大突破；"三个提升"——现代运输业、信息化建设、公共服务能力获得显著提升，把惠州建成国家运输枢纽城市。

公路：加快构建以高速公路为主骨架的现代化公路网。在惠州市高速公路网规划中有汕湛高速、广惠高速、潮莞高速、沈海高速、惠深沿海高速组成的五条横线，长深高速、龙大高速、仁深高速、从莞深高速组成的四条纵线，广河高速（沙迳至正果段）、沙清高速、惠盐高速（古塘坳至平南段）组成的三条支线，构成了惠州"五横四纵三支"高速公路网，进一步提高惠州"承南启北、呼应东西"的辐射、传导和集聚功能。未来几年，惠州市要加快建设高速公路，争取在2020年前全面建成"五横四纵三支"高速公路900公里左右。按"国道一级化、省道二级化、县道三级化、乡道硬底化"的目标，加快国省干线和农村公路的建设和改造。

铁路：突出铁路（高速铁路）、城际轨道交通及其枢纽站场建设。未来几年，惠州要建设厦深沿海铁路惠州段58.2公里、广汕铁路惠州段约150公里，形成"铁三角"的普通铁路干线网（三边分别为京九铁路、厦深铁路、广汕铁路）；建设通往东莞、深圳、广州、河源市城际轨道和惠城至惠阳、惠城至惠东、惠阳至惠东的市域县际轨道总长约300公里，形成"外通各市、内联县城"葵花型城际

轨道交通网。并做好京九铁路惠州站、厦深铁路惠州南站等铁路枢纽站场与其他运输方式的无缝连接,充分利用铁路干线和轨道交通的大流量大能力的优势。

港航:构建"江海联动、优势互补"的区域港口群,完善"一港三区"功能布局。沿海港口近期新建万吨级以上泊位6个,新增吞吐能力2400万吨和120万标箱,内河港口新建500吨级以上泊位18个,新增吞吐能力1200万吨,早日建成亿吨大港。充分发挥水运优势,全面提升港口、航道的运输能力。建设沿海港口荃湾港区出海航道,整治东江内河航道。突出航道升级、船闸扩容和港口吞吐能力建设,努力建设水运强市。

机场:尽快实现惠州航空业的"再度起飞"。惠州机场军民合用已得到国家批准,下来要加快惠州机场改造工作,建设地区性的航空港。惠州空港要基本达到"客运便捷化、货运物流化、管理智能化"。

站场:按"市区二个一级站、县城一个一级站、中心镇一个二级站、各乡镇至少有一个四级站"的标准和规模,建成珠三角的重要旅游目的地和游客集散地。以建设现代物流基地为抓手,建成一批枢纽型现代物流园区,完善与现代物流业相匹配的基础设施——汽车货运站场,把惠州打造成为珠三角东岸的重要物流中心之一,与深圳、东莞共同组成珠三角东岸公路运输枢纽,成为世界一流的珠三角物流中心的重要组成部分。客运枢纽规划形成2个公铁组合运输枢纽、6个公路客运枢纽;货运枢纽规划形成21个货运站场。

通过10年左右时间的努力,惠州的公铁水空管等运输方式将得到进一步的发展,基本形成各种运输方式结构和比重更加优化,资源更节约,运输效率更高,物流成本更低,客货运输更加便捷,交通发展的质量和效益明显提高,运输服务的能力和水平明显增强的新型现代综合运输体系。

三、争抢优势——营造珠三角区域经济一体化的主战场

在经济全球化的大背景下,加快推进珠三角区域发展一体化是一个必然趋势,也是我们的内在需要。加快珠三角区域经济一体化,关键是交通一体化。没有大交通就不可能有大流通、大市场,没有大交通也不可能有大产业、大发展。惠州构建综合交通的关键是努力实现三个"一体化",即多种运输方式的一体化、城乡交通一体化、区域交通一体化。

首先是多种运输方式的一体化。要通过交通枢纽的合理设置、运输方式的有效衔接,努力实现“人流无缝换乘、物流无缝对接”的目标;要通过“通道束”的连接、交通资源的有效利用,努力实现“宜路则路、宜水则水、宜铁则铁、宜空则空”的目标;未来10年,惠州将加大交通对外交通通道束和环线通道束建设;逐步形成轨道交通环由惠城、惠阳、惠东组成的市域城际轨道环和通往周边城市的放射形城际轨道;形成城市快速环路,通往周边城市至少1条高速公路(通往珠三角的临近城市多达4条)。通过交通资源的合理分配,努力实现各类交通基础设施之间规模和数量的最优比例。

其次是城乡交通一体化。要加快农村公路成环、联网的步伐,围绕“县通镇二级化、镇通镇三级化、镇通村(行政村、居民集中居住点)硬底化,通达到组户”的农村路网规划,提高农村公路连接程度。通过农村客运公交化,努力缩小城乡交通差别,实现农村交通与城市交通、高速公路等大通道的有效连接。加快农村客运站亭建设,逐步实现“镇有站、村有亭”,加快发展农村物流市场,让交通发展的成果普惠惠州广大城乡的人民群众。

三是区域交通一体化。推进区域经济一体化,促进和谐珠三角建设,实现深莞惠共同发展的目标。有利于充分释放珠三角的创新活力和发展能量,共同创造深莞惠的竞争优势和叠加效应。进一步开放运输市场,促进与邻近城市公交的互联互通。通过信息化的手段,实现区域交通资源共享,提高资源利用效率。通过强强联合,打造珠三角东翼国家运输枢纽。

新一轮发展中，惠州要乘势而上，紧密对接珠三角和深莞惠珠三角东岸都市圈重要的交通枢纽、交通节点。向东要深化惠州与潮汕地区的对接，向南要深化惠州与深圳的对接，向西要深化与广州、东莞都市圈城市的对接，加快推动珠三角“同城发展”。着力打造“深莞惠”半小时都市圈、“珠三角”1小时都市圈，增强珠三角向周边地区辐射的能力。通过路网加密，惠州与东莞、深圳两市间出行时间将缩短至30分钟，区域内所有乡镇15分钟上高速公路。积极发展深莞惠珠三角东岸城市一体化物流，在与广佛肇组成的珠三角中部物流系统、珠中江组成的珠三角西岸物流系统共同发展的基础上，与珠三角各物流中心城市形成“无缝衔接”的有机整体，共建共享交通设施，充分发挥珠三角区域同城发展的效应，打造珠三角东翼的物流枢纽城市。

惠州要进一步明确以港口为龙头,依托"一港三区"发展海洋运输业;依托火车货运站、高速公路和东江内河发展铁公水联运物流业;依托产业、产品优势发展专业物流业;依托区位优势和城市功能,发展区域性物流市场。从而,通过建成大交通,奠定大物流基础,形成大物流产业,促进惠州经济和社会的大发展。

(本文发表于惠州市经济社会发展咨询论证专家库《专家观瞻》第十四期 2009.2)

以优良港口为龙头　推进惠州经济又好又快发展

港口经济是指开发利用港口或以港口为依托的各类产业及相关经济活动的总和。目前业内外接受程度较高的具体内涵是:港口经济就是以优良港口为窗口,以临近区域为中心,以一定的腹地为依托,展开生产力布局,通过高强度、密集型的开发,发展与港口密切相关的特色经济,并产生强大的经济能量集聚、扩散和辐射效应,带动整个区域经济发展的区位优选型经济模式。世界上许多最发达的沿海城市,如纽约、东京、新加坡、中国香港、上海等,无不是依托港口、发展港口经济发展起来的。

港口是港口经济发展的龙头和基础条件。惠州市要想成为海洋经济强市,毫无疑问应充分发挥港口这一战略性资源,优先发展港口经济,树立龙头发展地位,才能实现港口带动全市经济和社会的发展。

一、惠州港基本情况

惠州市拥有沿海港口和东江内河港口两部分,其中沿海港口(以下简称惠州港)跨越大亚湾和红海湾两个海区。以荃湾港区为代表,惠州港陆路距惠州市区为48公里,距深圳74公里,距广州211公里;水路距香港47海里,距广州125海里,距厦门300海里,距汕头180海里。惠州市拥有自然海岸线总长223.6公里,除大亚湾西北部、东部巽寮湾和中部霞涌一小段岸线利用程度较高外,其余地段的岸线基本处于自然状况。大亚湾内湾阔水深,岛屿棋布,掩护周密,浪轻淤微,陆域开阔,具有优越的建港自然条件,是华南地区难得的天然良港。

为科学合理地开发和利用大亚湾优良的港湾资源,惠州市交通港口部门在市委市政府的正确领导和各有关部门的大力支持下,根据港口法等有关法律法规要求,先后进行了两轮港口总体规划。根据新一轮惠州港总体规划,惠州港的发展将遵循现代化、规模化和集约化的要求,以重点发展荃湾、东马和碧甲三大港区为主,适当发展亚婆角、范和、盐洲和港口四个装卸点。

荃湾港区是惠州港最早开发的多功能综合性港区,以承担大宗散货转运和集装箱运输为主,同时充分发挥水陆域条件和铁水联运优势,为临港工业发展服务并大力拓展现代物流。东马港区是由东联作业区和马鞭洲作业区组成的大型石化港区,主要承担大亚湾石化基地的原材料和产成品的运输服务以及广石化的原油接卸,同时为周边地区提供石化货物运输服务。碧甲港区主要以承担临港工业所需的原料、能源等大宗散货运输的深水港区,并满足惠东地区货物运输需求。

根据惠州港总体规划测算,惠州港宜港岸线资源容量在 2 亿吨至 3 亿吨,具备成为全国沿海主要港口的条件和潜力。

二、惠州港发展状况及主要特点

近年来,随着大型临港工业的布局发展,惠州港吞吐量增长迅速,2003 年吞吐量突破 1000 万吨达到 1122 万吨,2007 年突破 2000 万吨达到 2192 万吨,2008 年为 2945 万吨,2009 年突破 3000 万吨达到 3590 万吨,2010 年 4672 万吨,同比增长 30.1%。

为适应腹地经济社会发展,特别是大亚湾临港工业的布局发展,“十一五”期间,惠州港投资 35 亿元新建、改造净增生产性泊位 10 个(其中深水泊位 7 个),新增通过能力 5807 万吨。

惠州港最明显的特征是产业港,为临港工业配套的业主专用码头占主导地位。首先,从惠州港生产运输角度,从码头性质看,2010 年业主专用码头完成吞吐量 3608 万吨,占总吞吐量的 77.3%,公用码头完成 1064 万吨,占总吞吐量的 22.7%;从货种上看,原油及成品油等制品为 3964 万吨,占总吞吐量的 84.8%,完成集装箱吞吐量 26.9 万 TEU。第二,从港口基础设施建设角度,绝大部分码头项目为大型临港工业项目的配套码头。“十一五”期间,全港新建公用码头工程项目较少,仅有澳头、碧甲、港口等小型公用泊位进行了改造扩建,生产性泊位净减少 3 个、增加能力 72 万吨,占同期新增能力的 1.2%;新建业主专用泊位 13 个、通过能力 5735 万吨,占同期新增能力的 98.8%。第三,从港区和作业区布局建设角度,东马港区、碧甲港区布局建设的主体是华德、壳牌、中海油、粤电力等大型国有企业,以大型临港工业配套码头项目起步发展。

总之，惠州市需要配套码头的临港工业项目众多，包括中海壳牌石油化工项目、中海油惠州炼油项目、广东省平海发电厂、国华热电项目等，也从另一个角度说明，港口是临港工业布局建设的基础条件，海运是临港工业的生命线，没有港口码头就难有临海大工业。

三、惠州港集疏运系统

惠州港集疏运系统主要依托惠州市日渐发达的公路网和铁路网，通过高速公路和高速铁路，使惠州港的腹地突破惠州局限，拓展到河源、梅州、韶关等粤东北地区，乃至江西、湖南以远腹地，为惠州港未来发展带来强大的后方支撑和广阔的发展前景。

公路：惠州市现有“一纵四横”五条高速公路，高速公路里程达378公里。规划到2020年形成“五横四纵三支”的12条线路组成的高速公路网，高速公路总里程将达920公里。目前，惠州市正在建设惠州港疏港高速公路——惠大高速，计划2013年建成。

铁路：惠州市境内现有两条正在营运的铁路，即京九铁路和惠大铁路。京九铁路惠州段全长88.9公里，1994年建成单线投产，2002年改为复线，目前正在进行电气化改造。2002年建成的惠大铁路全长53.8公里；2009年建成惠大铁路二期进港线7.32公里，铁路直达港口码头，铁水联运成为现实。正在建设的厦深铁路和即将建设的广汕铁路，将为惠州港带来更便利的疏港铁路系统。

管道：马鞭洲华德原油码头配套建成了至广州石化的原油输送管道，中海油修通了大亚湾至珠江三角洲核心腹地东莞的成品油输送管道。

四、惠州港现存的主要问题与不足

（一）港口发展的定位偏低

在广东省港口布局规划中，惠州港定位为地区性重要港口。惠州港是惠州市经济社会发展和对外开放的重要依托；是广东省打造石化基地和完善石化工业产业链的重要依托；是腹地内企业的能源、原材料转运港以及广东省沿海集装箱运输支线港之一。

依据新一轮《惠州港总体规划》，惠州港将以石油化工品为主，兼顾临港工业及周边地区的能源、原材料，积极开拓集装箱运输。具备装卸储存、中转换装、多式联运、运输组织和管理、临港工业和现代物流等功能,相应拓展商贸、通信信息,生产生活服务和旅游功能,逐步发展成为现代化的多功能的综合性港口。

由于惠州港仅定位为地区性重要港口,在发展层次上低于定位为全国主要港口的广州、深圳、湛江、汕头、珠海五港。由于定位层次偏低,与全国沿海主要港口相比在争取国家政策扶持方面处于劣势,不利于惠州港的快速发展。惠州港应以全国主要沿海港口为发展方向,脚踏实地,稳步发展,依托大亚湾石化区和广大的经济腹地,加快码头泊位建设,确实提高吞吐能力和吞吐量,提升服务能力和水平,惠州港步入全国主要沿海港口行列,是非常有希望的。

(二)港口建设滞后于城市经济发展的需要

惠州未来的发展方向是石化产业基地、IT 产业基地、生态旅游胜地、对外出口加工贸易基地和现代物流中心。当前惠州的经济快速发展,随着大亚湾开发区中的众多重大石化项目的建设投产,其产业的连带效应将逐渐显现,惠州的经济发展将迎来新的发展高潮,这必将带动港口物流的大发展。目前惠州港以业主码头为主,处于港口建设的初级阶段,总体上仍滞后于惠州经济社会的发展形势。

(三)非港口项目占用或破坏宝贵的岸线资源,相关产业争夺岸线资源的矛盾越来越突出

一些沿海非港口项目从节省投资出发,占用或破坏了良好的岸线及陆域资源,挤占了支撑港口持续发展的城区-港口联动发展区,对港口发展影响巨大。如壳牌的排污管,在东联作业区斜穿出海,这种布管方式制约宜港岸线资源的利用,影响港口布局的合理性和生产营运的安全性,不但增加初期基本建设难度和投资,而且增加长期的营运成本;再如马鞭洲作业区输油管道缺乏统筹规划,多条输油管道之间间距较大,占用了很大一片港口可以利用水域和岛屿,同时也增大了船舶航行和靠离泊的安全隐患。

随着海洋经济越来越被人们所重视和城市化进程逐步加快,在陆域用地逐年紧张的情况下,可作为港口发展的海域、岸线、土地和海岛等资源显得愈发紧俏,渔业、石化、仓储等一些非港口经济与港口在资源利用方面的矛盾越来越突出,这种矛盾处理不好,不仅不利于港口运输业的发展,也将对其他相关产业带来不利影响。

港口运输业在海洋经济的所有产业中对区域的社会经济发展贡献是最大的,也是效益最高的,因此在港口布局与其他产业布局有冲突时,应尽量优先发展港口运输业,这是国内外所有港口城市共同的成功经验。但近几年,由于处于起步发展期的惠州市港口发展不够快,港口运输业对城市发展的拉动没有充分发挥其应有作用,人们对港口业的重要性认识有所淡薄,导致其他产业与港口业争夺资源日益明显,港口运输业甚至处于劣势并不得不让步。大亚湾宝贵的港口岸线资源若被其他产业占用,惠州港的未来发展空间将受到限制,大港口的发展基础将被削弱甚至丧失,沿江城市发展成沿海城市的目标也将因得不到港口资源供给的保障而难以实现。

(四)建设资金不足,政策扶持力度不够,公用配套设施和支持保障系统不足

港口属于重要的交通基础设施,属于典型的长线投资项目,具有投资额大、回收期长等特点,但港口最重要的作用体现在社会经济整体效应上,因此,港口的开发建设离不开政府的主导。目前惠州港以业主投资为主,可持续发展能力受到局限。惠州港现有的政府投资不足,与建设国家级主要港口的要求相比,还有一段较长距离。

惠州港要想成为现代化的综合性大港,应当具备完整的航道锚地系统、通讯导航、海难救助、消防灭火、水电保障等支持保障系统,在这些方面惠州港还有很大的空缺,需要进一步完善。

五、提升惠州港促进港口经济发展作用的措施

经过20多年的建设发展,惠州港为惠州市经济发展提供了坚实的基础和广阔的发展空间。但应该看到,除了石油化工品码头外,相比珠三角的广州、深圳、珠海等市的港口,惠州市的港口规模及港口经济无论在发展层次,还是在税收贡献上,都存在着相当大的差距并有扩大趋势,需要采取切实有效措施、加大力度推进港口经济的发展。要按照科学发展观的要求,树立“大港口、大交通、大发展”的理念,加快港口行业的转型升级,做强做大港口经济,促进惠州市经济社会又好又快发展。

(一)强化和落实港口优先发展理念,补充完善港口相关规划

首先,从珠江三角洲、东岸城市圈和惠州经济社会发展全局的高度,确立惠州港在珠三角区域和惠州市未来经济社会发展中的战略定位,以国家沿海主要

港口为发展目标,不应拘泥于原有的地区性重要港口的定位;其次是高标准、系统地补充完善既有港口相关规划工作,协调好各行业之间的利益冲突;三是维系良好的港口生产经营外部环境,科学合理利用好宝贵的岸线资源;四是要平衡好引进国内外大型知名港航企业与培育自己港口企业之间的关系,通过引进外地大企业促使本地既有港口企业做大做强。

(二)理顺管理体制,为港口发展建立良好的管理机制

港口经济涉及众多行业,若各个行业各自为政,必然导致港口经济发展的不协调,因此市政府有必要成立市级港口经济管理委员会,由市主要领导亲自挂帅,成员包括市发展改革局、交通运输局、港务管理局、海洋渔业局、规划建设局、环保局、惠州海事局等职能部门和大亚湾管委会、惠东县、惠城区及博罗县政府等县区政府领导,统一部署和协调指挥港口经济产业的规划、建设和发展。同时,学习发达港口城市先进的港口管理经验,组建港口发展委员会(可与港口经济管理委员会合署),为港口发展创造良好的管理机制。

(三)培养引进行业人才,健全港口发展决策咨询机构

目前,惠州市港口方面的人才仍比较缺乏,要从政府和港口企业两个层面着手,引进并培养港口行业人才,提高科学决策水平,提高企业发展能力,壮大企业管理团队。

组建惠州市港口发展决策咨询机构,设立专家咨询团队,专家的选择要打破行政区域和行业局限,可从国家、省、市各个层面,交通运输港口行业内外,政府部门或企业公司中选择专家学者,为惠州市港口规划建设、生产经营等具体事务提供指导意见。

(四)加大推进公用码头和公益性基础设施建设力度

公用码头向全社会服务提供公平、可靠的运输服务,与业主专用码头相比具有更高市场灵敏度、更大社会影响面和更好经济效益。政府要在政策层面上加大扶持力度,加大集疏运系统、航道锚地、支持保障系统等公益性港口基础设施方面的资金投入,引导社会资金投资公用港口码头,加快建设大宗散货和集装箱等公用码头。在加快增量发展的同时,在国家政策和政府财政能力许可的条件下,将惠州港业主专用码头转化为公共服务码头,提高码头利用率,使已建码头发挥更大的社会效益和经济效益,实现存量港口资源的优化发展。

(五)积极引进港口航运企业,培育吸引航线和货源

在加快建设港口码头硬件设施的同时,惠州市应切实重视发展航运软件保

障，完善航运服务系统，提高港口服务水平。积极引进国内外的航运企业落户惠州港，开设分支机构，开辟定期或不定期的国内外航线，提高服务能力，降低进出港成本，吸引货源到惠州港进出。首先，争取更多惠州本地货源由惠州港进出；其次，通过完善铁路和高速公路网，争取省内河源、梅州、清远、汕尾等地货主选择惠州港；最后，通过完善快捷的交通网络将惠州港腹地延伸至江西、湖南等地。随着经济腹地的扩大，惠州港将具有更多的货源保障，具有更大的发展动力和前景，将为惠州的经济和社会发展做出更大的贡献。

（本文发表于惠州市经济社会发展咨询论证专家库《专家观瞻》第十五期 2010.1）

关于转变惠州交通运输发展方式的思考

交通运输是国民经济的先行性基础产业和服务性行业,对国民经济和社会发展至关重要。以科学发展观为指导,加快交通运输业发展方式的转变,构建综合运输体系,对促进现代交通运输业的可持续发展,当好建设小康社会的排头兵,推动社会主义现代化建设,都具有重要意义。

一、交通运输业增长方式转变的基本含义

与国民经济增长相似,交通运输业的增长也包括增长的数量和增长的质量两个方面,增长的数量主要指交通运输业速度的增长,增长的质量主要是指交通运输业效率的增长。

交通运输业的增长主要依赖于两方面因素的推动:一是生产要素投入的增加,即资本、土地、劳动三大生产要素投入总量的增长;二是全要素生产率,即交通运输业总产出对所有要素投入之比的提高,也就是生产要素利用效率的提高。

按照以上两大因素对于交通运输业增长的贡献程度,交通运输业增长方式可以主要划分为两大类型:粗放型交通增长方式和集约型交通增长方式。粗放型交通增长方式主要是强调通过增加要素投入(尤其是资本投入)来实现交通运输供给能力的增长,扩大交通投资规模是实现交通运输业增长的最主要手段;集约型交通增长则强调提高生产要素的使用效率,用等量的要素投入尽可能多地提高交通运输供给能力,或者说同等交通运输供给能力的提高消耗更少的要素投入,在这种情况下,提高生产要素利用效率是实现交通运输业增长的主要手段,对于交通运输业增长的贡献程度要大于生产要素投入增长的贡献。

交通运输增长方式从粗放型向集约型转变,就是使交通运输供给能力和服务水平的提高从主要依靠增加投入转变为主要依靠提高要素使用效率上来。这里的要素不仅指某一种生产要素,而是包括资本、土地、劳动等所投入的生产要素。因此,集约型交通增长方式要求提高每种生产要素的有效性,并通过它

们的有效组合进而达到提高全要素生产率的目的,从而使交通运输业增长更多地依赖于生产要素利用效率的提高。

二、惠州转变交通运输发展方式的必要性

(一)交通运输自身发展规律要求转变增长方式

增长方式是一个历史的、动态的和相对的概念,交通运输增长方式要与交通运输发展水平和发展阶段相适应。交通运输增长方式是由交通运输增长的各要素所决定,交通运输增长方式总是与交通运输发展阶段相适应并受其制约。因此,要分析惠州市现阶段及以后的交通运输的增长方式,必须分析惠州市交通运输增长内容的现状。交通运输需求具有多样性和多层次的特点,因此交通运输供给也必须与之相适应,这就要求其增长不但包括交通运输总量的增长,而且包括交通运输结构优化。

建市以来,惠州市在国家和省的大力支持下,采取了一系列重大举措,加快交通运输发展,不仅使交通基础设施总量有较大的增长,并且技术装备水平、服务质量等都得到较大提高。在交通基础设施网络规模方面,截至2009年底,惠州市的综合交通运输体系取得巨大成就,实现了跨越式的发展,干线骨架基本形成:公路通车总里程达到10610公里,是建市之初1988年的3倍;高速公路375公里,居全省第2位;铁路通车里程150公里;内河航道里程220.9公里,沿海港口码头泊位34个,其中万吨级以上深水泊位15个。其中高速公路、铁路、沿海深水码头泊位均是1988年建市以后才建成的现代化交通主骨架。在运输能力方面,至2010年上半年,惠州市拥有汽车714621辆,比"十五"期末113063辆增加了5.32倍。全市营运汽车31921辆,营运船舶792艘。预计"十一五"期间全市共完成货运总量37209万吨,货运周转量4664807万吨公里;客运总量46245万人,客运周转量2407577万人公里;港口货物吞吐总量14800万吨,集装箱吞吐量111.16万TEU。惠州市交通基础设施总量规模的跨越式增长和运输能力的显著提升,为交通运输业结构优化、网络衔接和运输一体化发展创造了条件。

从惠州市交通运输基础设施的发展现状来看,交通运输全面紧张、运输能力严重不足的状况已有了较大缓解,形成了具有一定规模和服务水平的综合交通运输体系。惠州市在交通运输发展到这一阶段后,交通运输系统存在的矛盾

和问题有了新的变化：一方面，由于交通运输需求的不断增长，交通运输整体供给能力仍然不足，需要进一步增加基础设施投入满足需求。另一方面，原来运输能力严重不足时不曾有的运输结构问题开始出现，导致各种运输方式没有充分发挥各自的比较优势。这种结构性的问题既体现在各种交通运输方式之间，如铁路总量规模严重不足，能力依然非常紧张等，同时也体现在交通运输方式内部，如港口泊位结构、公路等级不匹配等问题。运输结构方面的问题同时还体现在地域分布不均衡（如平原地区与山区的差别巨大）等方面。随着交通运输的进一步发展，能力不足的问题将越来越小，而结构性问题将越来越突出。

交通运输的供给是运输服务的供给，交通基础设施只是基础和前提条件，只有通过交通运输的运营才能提供最终产品——交通运输服务。因此，运营效率的高低也是决定交通运输供给的一个重要因素。前一段时间，惠州市更注重交通基础设施的建设，而对运营水平的提高重视不够，导致部分交通基础设施没有得到充分利用，没有提供出应有的交通运输服务。比如一些货主码头利用率过低；一些新建的高速公路的交通量不大，是由于惠州的高速公路网还不够完善，没有把相关的交通量吸引过来。

惠州市交通运输在这一阶段的这些新问题和新特点要求其在进一步发展的过程中不能完全延续原有的增长方式，必须在原有的基础上转变交通运输增长方式，解决当前以及未来交通运输发展中的问题，适应和满足社会经济发展的需要。

（二）经济社会的发展要求转变交通运输增长方式

交通运输是为经济发展服务的，同时也是经济发展的重要组成部分，这两方面都要求转变交通运输增长方式。

首先，经济社会发展的需求要求交通运输转变增长方式。当前惠州市处于工业化后期，经济的发展需要大量的原材料、能源，同时产出大量的产品和半成品，并且原材料、能源以及生产地和消费地分布不均匀，这样就必然导致原材料、产成品等大宗物资在原材料、生产地、消费地之间大量的运输。这些长距离、大宗物资的运输更多的是需要铁路、水运以及管道的运输，但是由于近几年来惠州市铁路发展相对较慢，不能有效满足这种运输需求，而这一时期高速公路发展相对较快，这种情况下，公路运输在一定程度上代替铁路满足了一部分运输需求，但是这种运输模式无论是从交通运输资源的利用还是效率方面，都是不经济的。交通运输需求与供给结构之间的不匹配要求转变交通运输增长方式,调整交通运输供给结构,使得交通运输的供给与需求相一致,实现资源、能源的有效利用。

随着社会经济的发展和人们生活水平的提高,对交通运输的质量提出了更高的要求,交通运输单纯依靠数量扩张的粗放式发展已经不能满足要求。随着工业化的发展,未来的交通运输需求总量不断提高,质量要求也会越来越高。工厂的及时生产和新型的流通体制都要求不管是原材料还是产品的运输都要在现有的基础上更加便捷更加及时。同时,人们的出行也要求快速准时和舒适安全。不管是客运还是货运,这种运输质量上的高要求不是粗放式发展所能解决的,必须转变交通运输增长方式,进行科技创新,改善交通运输工具,提高交通运输组织方式和服务水平。

其次,经济增长方式的转变要求转变交通运输增长方式。当前交通运输的增长还是主要依靠土地、资源等的高投入,同时对环境造成较大的污染,交通运输的全要素生产率较低,是一种粗放型的增长方式。交通运输不但为社会经济服务,同时作为生产型服务业,也是社会经济中的重要组成部分。经济增长方式从粗放型向集约型转变的大形势下,交通运输也必须转变增长方式与之相适应,只有这样才能实现整个经济增长方式的转变。

(三)交通运输发展的外部约束条件要求转变增长方式

交通运输的发展需要诸多资源的支持和约束,尤其是土地、能源等,这些稀缺性资源的供给能力以及生态环境的承受能力,对交通运输发展具有重大的影响。构建节约型社会以及可持续发展理念和要求,要求交通运输的发展必须转变外延式、粗放的增长方式,减少交通对空气、环境、安全和生态的影响,解决土地、能源和资金等资源的有效利用问题,走内涵式、集约化的资源节约型可持续发展之路。

1. 土地资源占用

交通运输基础设施的建设占用大量的土地资源,如铁路、公路基础设施、客货运站场、港航码头、机场以及运输服务区等交通基础设施的建设,都需要占用土地。节约土地与保护耕地是我国的基本国策。惠州市土地资源有限,农业耕地面积少,人均耕地面积仅 0.66 亩。由于土地资源的紧缺型和有限性,要想满足不断增长的运输需求,单纯依靠加大土地等投入的粗放式增长方式是不可行的，必须转变增长方式。同时，即使在进行交通运输基础设施建设的时候，也要选择土地资源占用少、使用效率高的运输方式和项目。因为不同的运输方式对土地资源的占用不同，单位长度提供的交通运输服务供给能力也不同。比如在土地占用方面，单位换算周转量占地公路是铁路的3~5倍左右。

2. 能源使用

能源是经济发展的重要物质基础。交通运输是目前能源消耗量最大，也是能源消耗增长最快的一个部门。交通运输的发展需要能源的支撑，有效节约和合理利用不可再生的能源，既关系交通运输的可持续发展，又关系国家的能源安全。不同的交通运输方式在能耗方面具有较大差别，根据有关研究表明，铁路、公路、民航完成单位运输量的能耗比在客运方面的比重为1∶3∶5.2，在货运方面为1∶1.3∶3。转变交通运输增长方式，发展低能耗的交通运输方式，提高能源的利用效率等，应成为构建节约型社会、促进交通运输可持续发展的重要内容。

3. 生态环境保护

交通运输在建设、生产过程中会对生态环境产生极大的负面影响。交通运输基础设施的建设会对区域的水土、植被、动物生存环境及人们的居住、生活环境与人文景观带来影响，施工、运输过程产生的废渣、废气、噪声等，更是会造成大气污染、水污染、噪声污染，影响人们的生活质量。尽可能防止和减少交通建设、运输对生态环境的不利影响，使交通运输发展与生态环境相协调等方面都要求转变交通运输增长方式，尽可能地选择对环境影响小的运输方式。在对环境污染方面，不同交通运输方式也不同，根据有关研究表明，在周转量相同的情况下，客运造成的对环境的污染强度公路是空运的1~2倍，是铁路的10倍左右，货运造成的对环境的污染强度公路是铁路的10倍左右。

从交通运输发展的外部约束条件看，交通运输是国民经济的重要组成部分，交通运输系统的发展需要消耗大量资源和能源，交通运输可持续发展是国民经济可持续发展战略的重要环节，是构建资源节约型社会的关键领域。各种资源总是有限的，而交通运输需求则是不断增长的，因此当交通运输发展到一定阶段上，总会面临交通运输增长与资源不足的矛盾。在当前和今后较长时期内，土地、能源等资源将成为交通运输发展的硬约束，单纯依靠大量消耗和占用资源进行交通运输基础设施建设换取交通运输供给较快增长的路子已经难以为继，这就要求交通运输发展必须考虑资源、环境的承载力，加快转变增长方式，通过提高交通基础设施的利用率增加供给，减少对土地、能源等资源的占用和消耗，降低环境污染和破坏，在环境和资源承载力允许的范围内发展交通运输。

惠州市正处于新的经济发展阶段，交通运输也处于新的发展阶段，交通运输的外部约束条件越来越强。在这种前提和基础下，惠州市交通运输应该转变增长方式，在继续扩大交通基础设施规模的同时，更加注意协调交通运输结构，提高交通运输的运营水平和效率，提高基础设施的利用效率，以最少的社会成本提供最有效的交通运输服务，以适应和满足社会经济的发展。

三、惠州转变交通运输发展方式存在的主要问题

与经济发达地区相比，惠州市交通运输在网络密度、通达深度、服务水平等方面仍存在较大差距。惠州市公路网密度只有东莞市的 1/2，二级以上高等级公路约为东莞市的 38%；运输效率和规模化组织化集约化程度不高，城市公共交通相对滞后。加快交通运输业发展方式转变，大幅度增加总量规模，提高交通运输质量和优化交通运输结构，是惠州市提高交通运输发展水平的关键。

现阶段惠州市交通运输业增长仍主要依赖于大规模的交通投资，具有“高投入、高消耗、低产出、低效益”的特点。具体来看，目前惠州市交通运输业增长方式主要有以下五个方面的问题：

1. 交通运输业的发展主要依赖于大规模的交通基本建设投资，交通投资的边际收益有下降的趋势。

相对于国民经济快速发展产生的运输需求，在相当长的一段时期内惠州市交通基础设施供给能力总体上处于紧张状态，甚至成为制约经济发展的瓶颈产业。在此情况下，不断扩大交通投资规模就成为缓解交通运输业供给能力短缺的主要手段。1999—2009 年，惠州市交通固定资产投资额（不含管道投资）由 7.5 亿元增长到 72 亿元，增长了 8.6 倍，年均增长率为 25.4%，而同期全社会固定资产投资 66.6 亿元增长到 759 亿元，年均增长速度 27.5%。在交通供给短缺的情况下，扩大交通投资规模是快速提高交通运输供给能力的理性选择，也取得了明显的成效，将使惠州市交通供给全面紧张的状态得到有效缓解。但是，近年来随着交通固定资产投资规模的快速扩大，交通投资的边际收益有下降的

趋势，说明交通投资对交通运输业增长的边际贡献呈现下降趋势。

2. 交通运输业资源配置不合理和资源浪费现象同时存在，制约着交通投资效率和效益的提高。

资源配置不合理和资源使用上的浪费对于提高交通投资的效率和效益产生着极大的制约作用，是造成惠州市交通运输业粗放式增长的主要原因。

资源配置不合理在惠州市交通运输领域的主要表现有：①由于管理体制和政策导向等方面的原因，惠州市交通运输投资的行业结构存在一定程度的失衡，铁路、水运的发展严重滞后于经济发展的要求；②交通投资的地区结构、城乡结构在不同程度上存在着不协调的问题，农村地区交通制约社会经济发展的现象仍比较突出；③相对于交通线路建设，交通运输枢纽建设滞后，交通运输点线能力不配套，影响了交通运输系统的整体运行效率；④在某些交通领域，如公路交通领域，还不同程度地存在着"重建设、轻养护"的问题，交通基础设施投资的效益难以得到持续发挥。

资源浪费在惠州市交通运输领域的主要表现有：①在部门分割的交通管理体制下，交通运输各行业均存在扩大投资的冲动，这是导致重复建设和能力浪费的根源所在，同时也是造成各种运输方式难以一体化发展的重要原因；②某些交通基础设施的投资运营模式不合理，造成设施闲置或利用不足，如惠澳铁路和惠州港众多的货主码头；③由于运输市场集中度低、运输组织手段落后等方面的原因，在公路运输领域大量存在着迂回运输、车辆空驶率高等现象，交通运输资源利用效率亟待提高。

3. 不同运输市场上存在着垄断或过度竞争现象，运输企业还存在较为明显的粗放式经营特征。

由于惠州公路运输处于过度市场化状态，道路运输市场主体"多、小、散、弱"，运输市场的集约化程度非常低，难以形成规模经济，使行业发展呈现明显的粗放式特征。

4. 交通运输业增长建立在资源的高消耗基础之上，并产生了巨大的外部不经济性。

交通运输业的发展需要消耗大量的土地和能源，在主要强调投入的增长模式下，长期以来交通运输业的发展是以资源的高消耗为支撑的，而交通运输结构不合理更是加重了交通发展对资源和环境的压力。具体表现有：①交通基础设施建设占用了大量土地，特别是近年来惠州高速公路的快速增长更是加剧了交通发展与土地资源占用之间的矛盾；②能源使用方面，交通运输是能源消耗大户，同时也是能源消耗增长最快的部门之一，特别是由于道路机动车的快速增长，公路交通部门的能源消耗量呈现持续快速增长的势态；③随着公路交通的快速发展，道路交通事故的发生次数和伤亡人数也大幅上升；④交通运输业在发展过程中对环境产生的负面影响越来越大，其中道路交通污染物排放已经成为造成环境污染的重要因素之一。

5. 交通运输装备技术水平较低，技术进步对交通运输业增长的贡献率较低。

目前，惠州市交通运输装备的技术水平仍比较低。如公路货运车辆以中型普通货车为主，高效低耗的重型货车、厢式货车、集装箱拖挂车和各类特种专用汽车所占比重低。运输装备技术水平低是造成运输效率不高、能源消耗大、环境污染严重、交通事故率高的重要原因。此外，发达国家交通领域已经普遍应用的一些技术如GPS、GIS、多式联运技术、现代物流技术、智能交通系统等在惠州市尚处于起步阶段，对交通运输业的推动作用仍非常有限，技术进步对惠州市交通运输业增长的贡献率明显低于发达地区。

四、惠州转变交通运输发展方式的基本思路和重点领域

(一)转变交通运输发展方式的基本思路

随着《珠三角地区改革发展规划纲要(2008—2020)》的实施，珠三角将打造成为亚太地区最开放、最便捷、最高效、最安全的客流和物流中心；广东省政府在此基础上颁布实施珠三角五个一体化规划；珠三角东岸的深圳、东莞、惠州三市紧密合作，签署了一系列工作协议，共同推进珠三角东岸深莞惠一体化进程，惠州交通运输建设由此迎来了黄金发展期。为适应新形势的要求，打造成为国家公路运输枢纽城市、国家主要沿海港口、珠三角东翼重要物流中心，促使惠州市有效融入珠三角，避免被再次边缘化，是惠州市交通运输业发展的主要方向。为此，惠州市交通运输部门必须以科学发展观为指导，按照“八大转变”的基本思路推进交通发展方式转变。即：从速度型向速度、效益相统一的发展方式转变；从单纯交通经济效益型向经济、社会、环境效益相统一的发展方式转变；从资源消耗型向资源节约型转变；从环境污染型向环境友好型转变；从较单

纯强调建设向建设、经营、管理全过程发展转变;从相对分散发展向综合运输转变;从投资驱动型向创新驱动型转变;进一步推进交通运输管理体制转变。

(二)转变交通运输发展方式的重点领域

转变交通运输业发展方式是一个系统工程,但最根本的是要着力实现"三个转变",即由主要依靠基础设施投资拉动向建设、养护、管理和运输服务协调拉动转变;由主要依靠增加物质资源消耗向科技进步、行业创新、从业人员素质提高和资源节约环境友好转变;由主要依靠单一运输方式发展向综合运输体系发展转变。

一是实施交通运输全面、协调、可持续的科学发展战略;二是坚持以优化结构为主线,促进交通运输又好又快发展;三是坚持科技创新,积极推进交通运输装备现代化;四是加快改革交通运输管理体制和机制。

五、惠州交通运输增长方式转变的主要手段、途径和评价标准

(一)交通运输增长方式转变的主要手段

1. 集约型交通增长方式仍需以必要的生产要素投入(主要是资本投入)为支撑,但要素投入并不是推动交通增长的唯一手段。集约型交通增长方式并不排斥必要的生产要素投入,特别是在交通供给能力增长速度滞后于交通运输需求增长的情况下,仍需要通过增加交通投资来保持一定的发展速度,满足社会经济增长产生的各种客、货运输需求。只不过相对于粗放型交通增长方式,交通投资的重要性和贡献率大幅度下降,交通增长更主要依靠于优化资源配置和提高生产要素的使用效率,即提高各种交通投入的全要素生产率,而不是一味追求投资规模的扩大。换言之,集约型交通增长方式是在保持一定的交通投资增长速度的前提下,主要通过结构调整、技术进步等手段来提高各种交通投入的综合效益,因而是速度、效益、结构三要素有机结合的变化过程。

2. 制度和技术创新是提高交通投入全要素生产率的主要手段,对于交通增长方式转变具有至关重要的作用。提高全要素生产率,一方面要依靠制度创新提高资源配置效率,在给定交通投入水平和技术的情况下,通过优化生产要素组合和结构调整可以达到提高交通供给能力的目的,同时完善制度还可以促进交通投资效率的提高,使有限的资金发挥最大的效益;另一方面,要依靠技术创新(包括管理创新)来提高资源的使用效率,投入水平的增加不可避免地会导

致边际收益递减，在投入水平不变的情况下，技术进步和管理水平的提高可以促进交通运输业劳动生产率及资本产出率的提高，从而推动集约化增长。因此，交通增长方式转变，意味着提高交通供给能力和服务水平将从主要依靠扩大交通投资转向主要依靠制度和技术创新所带来的制度环境优化、运行机制完善、技术进步和管理水平提高等因素。

（二）实现惠州市交通运输业增长方式转变的主要途径

实现惠州市交通运输业增长方式由粗放型向集约型转变，应从提高交通运输资源配置效率和资源利用效率入手，充分发挥市场和政府两方面的作用，重点解决提高交通增量投资效率和存量交通资产利用效率两方面的问题。具体地说：

1. 加快交通管理体制改革，调整和完善政府职能，规范政府投资行为，使政府在惠州市交通运输业增长方式转变过程中发挥关键作用。对于交通运输业来说，转变增长方式不能单纯依靠市场机制的自发调节来实现，必须充分发挥政府的作用，以有效矫正市场机制的缺陷。目前惠州市交通管理体制、投融资体制等制度环境以及政府职能均不能适应交通增长方式转变的要求，必须加快进行体制改革，完善政府职能，为交通增长方式的转变提供根本保障。未来的改革方向和政府应发挥的作用主要有：

（1）尽快建立一体化的交通运输管理体制，消除造成交通运输业投资结构失衡、重复建设、运输方式间衔接不畅的体制根源。

（2）调整和完善政府职能，纠正交通运输领域政府作用的越位和缺位。比如，在公路运输市场方面，政府应加强对运力和运输价格的宏观调控，并通过制定相应的产业政策调整道路运输企业组织结构，提高运输市场的集约化程度，引导高效低耗货车的生产和消费，促进道路运输车辆技术水平的提高和结构升级，严格禁止超限超载运输，从而推动道路运输业向规范化、规模化、集约化方向转变。

（3）规范政府投资行为，提高政府投资效率。随着交通基础设施公共产品本性逐步明晰，该领域中政府投资的比重将进一步提高，政府投资的有效性将对交通增长方式转变产生着重要影响。建立和完善政府投资决策的约束和监督机制，合理确定政府投资范围和投资优先领域，同时借鉴发达国家的经验，区分政府提供与政府直接生产，通过特许权、补贴、签约外包等形式借助私人资本和市场机制提高政府投资效率,确保有限的财政资金最大限度地发挥作用。

(4)鉴于技术进步和劳动者素质在交通增长方式转变中具有重要作用,政府应加大对交通新技术的研发投入力度,对交通科技成果转化和应用提供财政支持,并加大劳动者职业培训方面的投入力度,完善相关政策法规,提高技术进步和劳动者素质对交通增长的贡献。

2. 以结构调整为主线,提高交通运输资源配置效率和资源利用效率。资源配置不合理所导致的结构不合理是造成交通运输投入产出比低、粗放式增长的重要原因,应以结构调整为主线,通过优化资源在各行业、各地区及系统间的配置比例来促进资源利用效率的提高。具体地说:

(1)调整政府交通投资的行业结构。政府应加大国省道主干公路的财政投入,尽快形成快速公路网;同时也对铁路(轨道交通)、水运、航空等资源消耗少、环境影响小的运输方式的投入,并通过税收减免、财政补贴等各种方式积极引导社会资金进入该领域。

(2)调整政府交通投资的地区结构和城乡结构,加大对农村地区的交通投资力度,为区域社会经济发展创造有利条件。落后地区交通投资的直接经济效益通常是很低的,但是这类投资往往具有很高的社会效益和外部效益,应作为政府投资的重点。

(3)调整交通投资在线路建设和枢纽建设上的分配比例,使运输系统点、线能力协调发展。运输枢纽尤其是综合运输枢纽在一体化运输、提高运输组织效率和综合运输效率中具有重要作用,政府应在综合运输枢纽规划和建设中发挥主导作用,促进运输系统点、线能力协调发展。

(4)调整交通投资在基础设施建设和运输服务系统建设上的分配比例,使构成交通运输体系的"硬件"系统与"软件"系统协调发展,从而提高交通投资的系统效率。例如,在加快农村公路建设步伐的同时,应对农村地区运输体系建设给予同样的重视,否则农村公路的投资效益将不能得到充分发挥。

3. 通过技术进步和管理创新提高交通运输业运行效率和运输企业生产效率。

新技术的研发和应用是转变交通增长方式的重要保证。政府应加大对交通新技术的研发投入力度,并通过财政支持、税收减免等激励措施促进交通企业建立自主创新机制,提高技术进步对交通增长的贡献率。

信息化是提高交通运输业效率的重要手段,也是政府在推动交通增长方式转变过程中的主要职责。政府应在交通运输系统的信息化规划和建设方面发挥主导作用,并着力于实现各种运输方式的信息互通和共享。例如,政府通过推动道路运输市场的信息化、网络化建设,组建区域货运交易中心,可以使车、货信息资源得到集中,提高货运组织效率和车辆利用率,降低空驶率高、迂回运输等不经济运输活动所产生的资源浪费。

运输企业是实现交通增长方式转变的微观主体,运输企业生产效率的高低对于行业运行效率具有重要影响。政府应通过制定产业发展政策引导交通运输企业建立规范的企业治理结构,实现规模化和规范化经营,不断提高企业管理水平和生产效率,并为企业经营创造公平健康的市场环境。

4. 在交通发展过程中坚持可持续发展的理念,不断降低交通运输的资源消耗和外部不经济性。

未来交通运输业发展面临着越来越严格的资源约束和环境约束,我们已不可能再走先发展、后治理的道路,交通发展不能够、也不可能建立在牺牲环境和无节制消耗资源的基础之上。因此,必须将可持续发展作为制定交通发展政策的准则,在制定政策时综合考虑经济、社会和环境三方面的因素,将可持续发展的理念真正落实到政策和交通发展实践中去。

实现交通的可持续发展,首先尽快建立统一的交通运输管理体制,赋予交通运输管理部门足够的权威性,由其负责制定统一的交通规划、行业政策和技术标准等,在交通可持续发展中充分发挥主导者和协调人的作用;其次应通过结构调整和健全综合运输体系提高能源利用效率,通过合理规划、合理建设以及各种运输方式的合理分工来解决交通发展与土地资源占用之间的矛盾;三是制定交通可持续发展战略,建立相应的指标体系和完善基础数据,据此对交通可持续发展的程度进行评价,使交通可持续发展战略具有可操作性;四是要通过完善法律法规和建立激励和约束机制,促使交通运输企业的行为更加符合可持续发展的要求。

(三)交通运输增长方式转变的评价

1. 交通增长方式转变既要求提高资源配置和使用效率,也包含着促进社会公平的内在诉求,交通增长方式的判断标准应是多维的。与一般生产性行业不同,交通运输业属于基础产业,既承担着满足社会经济正常运行的职能,又承担着国土开发、抗险救灾、普遍性服务和社会公平等许多公益性职能。因此,评价交通投资的效益,不应仅从效率的角度,或仅从某种交通运输方式和投资所产生的直接经济效益出发,而要着眼于综合交通体系的整体效率,并且全面考虑交通投资的社会效益和外部效益。也就是说,效率不应作为衡量交通增长方式集约化程度的唯一标准,必须将交通投入的外部性考虑进来,对交通运输业的投入产出绩效进行全方位评价。

2. 交通基础设施和运输服务体系的交通增长方式转变具有不同的内涵,其评价内容和作用也有差别。大多数交通基础设施在属性上为公共产品或准公共产品,政府往往通过财政直接投入、资本金注入、财政补贴等多种方式直接或间接介入交通基础设施建设,其增长方式转变的重点在于如何充分发挥政府和市场两方面的作用,规范政府投资方式,提高决策的科学性和财政资金的使用效率;运输服务体系则具有明显的竞争性行业特点,其增长方式转变的重点在于建立规范有序的市场环境,引导企业通过技术进步和管理创新等提高生产效率,使市场在优化资源配置和提高要素生产率方面发挥主要作用。

六、惠州加快转变交通运输发展方式的主要措施

(一)全力推进综合运输体系发展

这是实施交通运输全面、协调、可持续的科学发展战略,转变交通运输业发展方式的重要途径。一是加快形成综合运输体系框架下集约的基础设施系统、现代的运输装备系统和科学的组织保障系统。统筹规划衔接,建立综合运输规划体系;调整优化通道资源,逐步实现各种运输方式"无缝衔接"和"零距离换乘";加强多式联运等综合运输政策和标准规范的研究制定;推进综合运输管理和公共信息服务平台建设。二是大力调整优化交通运输结构。各种运输方式协调发展是实现交通运输发展方式转变的重要内容,调整基础设施结构,优化网络功能结构与布局,优化各种交通方式的衔接。调整运力结构和运输组织结构,积极推进规模化、集约化、网络化运输,引导营运车船向大型化、专业化、清洁化方向发展。三是加快薄弱环节建设。坚持统筹城乡和区域协调发展,加快农村老少边穷地区交通运输发展。把铁路、水运、航空发展摆在重要位置,提升铁路、水运、航空在惠州综合运输体系中的地位和作用。

(二)努力提高交通运输设施装备的技术水平和信息化水平

这是交通运输现代化和文明进步的重要标志。全力推动交通运输装备

的现代化,运用现代科技手段对现有存量进行更新改造和优化升级,提高基础设施和运输工具运营效能和管理水平;新建基础设施要注重新技术、新工艺、新材料的研究推广应用,运输装备要不断提高科技含量和安全、舒适和便捷性。重点推进信息化建设,消化吸收信息化前沿技术,推进政府管理、公众服务、电子商务“三大信息系统”建设,形成开放兼容的现代交通运输信息网络。

(三)大力促进现代物流业发展

这是转变交通运输业发展方式的重要切入点。一是加强运输与物流服务的融合。鼓励交通运输企业加快转型,积极发展甩挂运输、滚装运输、江海直达运输、集装箱联运等先进运输组织方式。二是做大做强快递物流业务。推进农村快递物流发展,加强交通运输与快递物流业规划、政策、基础设施和运营衔接。三是积极拓展港站枢纽服务功能。新建港站枢纽运输功能和物流功能要统一规划、同步建设,现有港站枢纽改造植入物流功能,加强港站枢纽与后方物流园区衔接。四是大力推行不停车收费系统,提高车辆运行效率。五是完善运输市场规章制度,促使运输市场规范化发展。

(四)尽力建设资源节约型、环境友好型行业

加强资源节约、生态环境保护和节能减排是转变交通运输业发展方式的关键环节。一是大力发展绿色交通运输。推动新能源和清洁车辆开发应用。鼓励发展技术先进、经济安全、节能环保的运输装备,加快淘汰落后运输装备。积极推动沥青、钢材等资源的再生和循环利用。二是推进基础设施建设集约发展。加强节水、节地、节材等评估审查,在规划、设计、建设等环节集约节约利用土地、岸线,优化结构,提高使用寿命和服务水平。三是加快建立行业节能减排指标和法规标准体系。四是加强出行消费方式引导。倡导公众选择节能环保的公共交通出行。

(五)强力提高安全监管和应急保障能力

这是转变交通运输业发展方式的重要保障。一是努力提高安全监管能力。强化企业主体责任和部门监管责任,探索建立交通运输主管部门、安全监管机构和企业的安全责任链。加快实施水上交通安全监管和救助系统布局规划,健全监管网络。加强薄弱环节,提高城市公交安全监管水平。二是提高应急保障能力。加快建立区域交通运输应急救援中心,建立突发公共事件预测预警机

制、应急协调机制等应急保障机制，提高社会各方面参与交通运输应急救援的积极性。

七、加快转变惠州交通运输发展方式的近期策略

（一）科学编制好交通运输专项规划

以加快转变交通运输发展方式为主线，编制好惠州市综合交通体系规划、深莞惠交通一体化规划和惠州市“十二五”交通运输发展规划。要与省和市“十二五”经济社会发展各项规划相衔接，更好地为惠州市经济社会发展提供交通运输基础和支撑条件。以尽快完善交通运输网络为重点，发挥网络的整体效益和组合效率。调整交通运输结构，进一步统筹区域和城乡交通一体化，加强路网衔接，发挥综合运输整体效益。加强与周边地市道路衔接，消除断头路、瓶颈路。大力发展水上交通，节约集约利用土地和岸线资源，降低运输成本。

（二）切实保持加快交通基础设施建设的良好势头

发挥交通基础设施建设在惠州市产业结构调整中的作用，加快惠州市高速公路建设、国省干线改造等。继续推进农村公路建设，扩大农村客运覆盖面。重视发挥交通基础设施建设在统筹区域城乡发展中的重要支撑作用，加快现代交通运输网络建设，促进市区、县城和乡镇的经济和社会共同发展。

（三）积极发展低碳交通

加快低碳交通运输体系构建，把低碳发展落实到交通运输生产、出行方式的各个环节。一是节约土地。通过技术创新不断提高交通用地效率，充分发挥高速公路网运输效率高的作用，实现单位土地资源的交通产出最大化。二是节约能源。推广新能源和清洁车辆的使用，加大节能降耗力度，实现单位能源资源消耗的交通产出最大化。三是减少污染。继续落实减排指标，实现污染密度最小化，逐步使交通运输成为一个低能源资源消耗、低建设运营成本和低环境污染的行业。当前，惠州市要加强车船装备和运输等重点领域节能减排工作，确保实现交通领域的节能减排目标。推进节能减排监测考核体系建设；实施营运车辆燃料消耗量准入制度；积极推进甩挂运输发展；加快发展绿色航运；大力发展城市公共交通；大力推广应用交通运输节能减排科技成果。

（四）提高交通运输信息化水平

加快物联网技术推广应用，推动交通运输产业升级和提高现代化水平。一

是推进物联网技术在城市交通运输中应用，加快智能城市交通运输系统建设。二是利用物联网改造现有基础设施，建设智能交通基础设施。三是引入应用数字化交通运输管理体系，提高交通运输管理信息化和现代化水平，引领行业通过技术创新实现跨越式发展。

（本文发表于惠州市经济社会发展咨询论证专家库《专家观瞻》第十七期 2010.3）

探讨惠州港发展瓶颈与对策

一、惠州港基本情况

(一)惠州港发展状况及主要特点

近年来,随着大型临港工业的布局发展,惠州港吞吐量增长迅速。2003年吞吐量突破1000万吨达到1122万吨,2007年突破2000万吨达到2192万吨,2009年突破3000万吨达到3590万吨,2010年突破4000万吨达到4672万吨,同比增长30.1%。

为适应腹地经济社会发展,特别是大亚湾临港工业的布局发展。"十一五"期间,惠州港投资35亿元新建、改造净增生产性泊位10个(其中深水泊位7个)。新增通过能力5807万吨。

惠州港发展最明显的特征是临海工业港,为临港工业配套的业主专用码头占主导地位。首先,从惠州港生产运输角度看,2010年业主专用码头完成吞吐量3608万吨。占总吞吐量的77.3%。公用码头完成1064万吨,占总吞吐量的22.7%;从货种上看,原油及成品油等制品为3964万吨,占总吞吐量的84.8%。完成集装箱吞吐量26.9万TEU。第二,从港口基础设施建设角度看,绝大部分码头项目为大型临港工业项目的配套码头。"十一五"期间,全港新建公用码头工程项目较少,仅有澳头、碧甲、港口等小型公用泊位进行了改造扩建,生产性泊位净减少3个、增加能力72万吨,占同期新增能力的1.2%;新建业主专用泊位13个、通过能力5735万吨,占同期新增能力的98.8%。第三,从港区和作业区布局建设角度看,东马港区、碧甲港区布局建设的主体是华德、壳牌、中海油、粤电力等大型国有企业,以大型临港工业配套码头项目起步发展。

总之,惠州市需要配套码头的临港工业项目众多,包括中海壳牌石油化工项目、中海油惠州炼油项目、广东省平海发电厂、国华热电项目等,但从另一个角度说明,港口是临港工业布局建设的基础条件。海运是临港工业的生命线,没有港口码头就难有临海大工业。

(二)惠州港集疏运系统

惠州港集疏运系统主要依托惠州市日渐发达的公路网和铁路网,通过高速公路和高速铁路,使惠州港的腹地突破惠州局限,拓展到河源、梅州、韶关等粤东北地区,乃至江西、湖南以远腹地,为惠州港未来发展带来强大的后方腹地支撑和广阔的发展前景。

公路:惠州市现有“一纵四横”五条高速公路,高速公路里程达378公里。规划到2020年形成“五横四纵三支”的12条线路组成的高速公路网,高速公路总里程将达920公里。目前,惠州市正在建设惠州港疏港高速公路——惠大高速,计划2013年建成。

铁路:惠州市境内现有两条正在营运的铁路,即京九铁路和惠大铁路。京九铁路惠州段全长88.9公里,1994年建成单线投产,2002年改为复线,目前正在进行电气化改造,2002年建成一期惠大铁路长53.8公里,2009年建成惠大铁路二期进港线7.32公里,铁路直达港口码头,水铁联运成为现实。正在建设的厦深铁路和即将建设的广汕铁路,将为惠州港带来更便利的疏港铁路系统。

管道:马鞭洲华德原油码头配套有至广州石化的原油输送管道,中海油修通了大亚湾至珠江三角洲核心腹地东莞的成品油输送管道。

二、惠州港现存的主要问题与不足

(一)港口发展的定位偏低

在广东省港口布局规划中,惠州港定位为地区性重要港口。惠州港是惠州市经济社会发展和对外开放的重要依托;是广东省打造石化基地和完善石化工业产业链的重要依托;是腹地内企业的能源、原材料转运港以及广东省沿海集装箱运输支线港之一依据新一轮《惠州港总体规划》,惠州港将以石油化工品为主,兼顾临港工业及周边地区的能源、原材料,积极开拓集装箱运输。具备装卸储存、中转换装、多式联运、运输组织和管理、临港工业和现代物流等功能,相应拓展商贸、通信信息,生产生活服务和旅游功能,逐步发展成为现代化的多功能的综合性港口。

由于惠州港现仅定位为地区性重要港口,在发展层次上低于定位为全国主要港口的广州、深圳、湛江、汕头、珠海五港。由于定位层次偏低,与全国沿海主要港口相比在争取国家政策扶持方面处于劣势,不利于惠州港的快速发展。

(二)港口建设滞后于城市经济发展的需要

惠州未来的发展方向是石化产业基地、IT 产业基地、生态旅游胜地、对外出口加工贸易基地和现代物流中心。当前惠州市经济快速发展,随着大亚湾开发区中的众多重大石化项目的建设投产,其产业集群效应将逐渐显现,惠州的经济发展将迎来新的发展高潮,这必将带动港口物流的大发展。目前惠州港以业主码头为主,处于港口建设的初级阶段,总体上仍滞后于惠州经济社会的发展形势。

(三)非港口项目占用或破坏宝贵的岸线资源,相关产业争夺岸线资源的矛盾越来越突出

一些沿海非港口项目从节省投资出发,占用或破坏了良好的岸线及陆域资源,挤占了支撑港口持续发展的城区——港口联动发展区,对港口发展影响巨大。如壳牌的排污管,在东联作业区斜穿出海。这种布管方式制约宜港岸线资源的利用,影响港口布局的合理性和生产营运的安全性,不但增加初期基本建设难度和投资,而且增加长期的营运成本;再如马鞭洲作业区输油管道缺乏统筹规划,多条输油管道之间间距较大。占用了很大一片港口可以利用水域和岛屿,同时也增大了船舶航行和靠离泊的安全隐患。随着海洋经济越来越被人们所重视和城市化进程逐步加快,在陆域用地逐年紧张的情况下,可作为港口发展的海域、岸线、土地和海岛等资源显得愈发紧俏,渔业、石化、仓储等一些非港口经济与港口在资源利用方面的矛盾越来越突出,这种矛盾处理不好,不仅不利于港口运输业的发展,也将对其他相关产业带来不利影响。

港口运输业在海洋经济的所有产业中对区域的社会经济发展贡献是最大的,也是效益最高的。因此,在港口布局与其他产业布局有冲突时,应尽量优先发展港口运输业,这是国内外所有港口城市共同的成功经验。但近几年,由于处于起步发展期的惠州市港口发展不够快,港口运输业对城市发展的拉动没有充分发挥其应有作用,人们对港口业的重要性认识比较淡薄,导致其他产业与港口业争夺资源日益明显,港口运输业甚至处于劣势并不得不让步。大亚湾宝贵的港口岸线资源若被其他产业占用,惠州港的未来发展空间将受到限制,大港口的发展基础将被削弱甚至丧失,沿江城市发展成沿海城市的目标也将因得不到港口资源供给的保障而难以实现。

（四）建设资金不足，政策扶持力度不够，公用配套设施和支持保障系统不足

港口属于重要的交通基础设施，属于典型的长线投资项目。具有投资额大、回收期长等特点，但港口最重要的作用体现在社会经济整体效应上，因此，港口的开发建设离不开政府的主导。目前惠州港以业主投资为主，可持续发展能力受到局限。惠州港现有的政府投资不足，与建设国家级主要港口的要求相比，还有较大的差距。

惠州港要想成为现代化的综合性大港，应当具备完整的航道锚地系统、通讯导航、海难救助、消防灭火、水电保障等支持保障系统。在这些方面惠州港还有很大的空缺，需要进一步完善。

三、提升惠州港促进港口经济发展作用的措施

经过20多年的建设发展，惠州港为全市经济发展提供了坚实的基础和广阔的发展空间。但应该看到，除了石油化工品码头外，相比珠三角广州、深圳、珠海等港，惠州市港口规模及港口经济无论在发展层次，还是在税收贡献上，都存在相当大的差距并有扩大趋势。需要采取切实有效措施、加大力度推进港口经济的发展。要按照科学发展观的要求，树立“大港口、大交通、大发展”的理念，加快港口行业的转型升级，做强做大港口经济，促进惠州市经济社会又好又快发展。

（一）强化和落实港口优先发展理念，补充完善港口相关规划

首先，从珠江三角洲、东岸城市圈和惠州经济社会发展全局的高度。确立惠州港在珠三角区域和惠州市未来经济社会发展中的战略定位，以国家沿海主要港口为发展目标，不应拘泥于原有的地区性重要港口的定位；其次是高标准、系统地补充完善既有港口相关规划工作，协调好各行业之间的利益冲突；三是维系良好的港口生产经营外部环境，科学合理利用好宝贵的岸线资源；四是要平衡好引进国内外大型知名港航企业与培育自己港口企业之间的关系，通过引进外地大企业促使本地既有港口企业做大做强。

（二）理顺管理体制，为港口发展建立良好的管理机制

港口经济涉及众多行业，若各个行业各自为政，必然导致港口经济发展的不协调。因此，惠州市政府有必要成立市级港口经济管理委员会，由市主要领导亲自挂帅，成员包括市交通运输局、港务管理局、海洋渔业局、规划建设局、环

保局、惠州海事局等职能部门和大亚湾管委会、惠东县、惠城区及博罗县政府等县区政府领导，统一部署和协调指挥港口经济产业的规划、建设和发展。

同时，学习发达港口城市先进的港口管理经验，组建港口发展委员会（可与港口经济管理委员会合署），为港口发展创造良好的管理机制。

（三）培养引进行业人才，健全港口发展决策咨询机构

目前，惠州市港口方面的人才仍比较缺乏，要从政府和港口企业两个层面着手，引进并培养港口行业人才。提高科学决策水平，提高企业发展能力，壮大企业管理团队。组建惠州市港口发展决策咨询机构，设立专家咨询团队，专家的选择要打破行政区域和行业局限，可从国家、省、市各个层面，交通运输港口行业内外，政府部门或企业公司中选择专家学者，为惠州市港口规划建设、生产经营等具体事务提供指导意见。

（四）加大推进公用码头和公益性基础设施建设力度

公用码头向全社会服务提供公平、可靠的运输服务，与业主专用码头相比具有更高市场灵敏度、更大社会影响面和更好经济效益。政府要在政策层面上加大扶持力度，加大集疏运系统、航道锚地、支持保障系统等公益性港口基础设施方面的资金投入，引导社会资金投资公用港口码头，加快建设大宗散货和集装箱等公用码头。在加快增量发展的同时，在国家政策和政府财政能力许可的条件下，将惠州港业主专用码头转化为公共服务码头，提高码头利用率，使已建码头发挥更大的社会效益和经济效益，实现存量港口资源的优化发展。

（五）积极引进港口航运企业，培育吸引航线和货源

在加快建设港口码头硬件设施的同时，惠州市应切实重视发展航运软件保障，完善航运服务系统，提高港口服务水平。积极引进国内外的航运企业落户惠州港，开设分支机构。开辟定期或不定期的国内外航线。提高服务能力，降低进出港成本，吸引货物到惠州港进出。首先，争取更多惠州本地货物由惠州港进出；其次，通过完善铁路和高速公路网，争取省内河源、梅州、清远、汕尾等地货源选择惠州港；最后，通过完善快捷的交通网络将惠州港腹地延伸至江西、湖南等地。随着经济腹地的扩大，惠州港将具有更多的货源保障，具有更大的发展动力和前景。

（本文发表于《中国港口》2011.8）

做强做大港口经济　促进全市经济又好又快发展

改革开放30多年,惠州经济社会取得了巨大的成就,惠州基本形成了以“石化数码”为主的产业格局,下来惠州市还要在此基础上继续发展。随着珠三角规划纲要的实施,珠三角各市间的合作在加强,竞争也在加强。惠州市十次党代会定下2016年GDP突破3000亿元的目标,要想在珠三角乃至全省、全国中占有更重要的位置,加快发展壮大惠州市的经济总量甚为关键。要做大惠州市经济总量这个蛋糕,我们必须进一步解放思想,全力以赴,开拓创新,寻找新的经济增长点,用超常规的思路和方法抓龙头、抓项目,促进惠州市经济社会全面发展。

惠州有得天独厚的资源条件和区位优势,特别是交通资源。“两港(空港和海港)”是惠州的宝贵资源,“两港”是惠州市经济发展的龙头,是很多城市梦寐以求的稀缺资源,我们要充分挖掘和开发利用“两港”,给惠州市经济腾飞装上强有力的发动机,带动惠州经济远航发展。

一、提高认识,充分认识加快港口发展对促进惠州市社会经济发展的重要意义

(一)“以港兴城、以城促港、港城共荣”是港口城市共同的成功经验

世界上绝大部分的城市特别是大城市都是在河边或海边。有人类文明以来,人们就依河而居、靠水而业,主要原因不外乎就是“衣食住行”四大基本保障中的两个基本点:一是饮水,二是交通。村居发展成为城市,形成了现在的城市格局。

世界上绝大部分的特大城市,都有繁忙的港口,都有繁荣的港口经济。现代文明是走向海洋的蓝色文明,纽约、阿姆斯特丹、香港、上海、广州、大连等国际大都市,无不是依托港口发展起来的城市。“港为城用、城以港兴、港城共荣”是国内外众多港口城市发展的成功经验,非常值得我们思考和借鉴。

（二）港口经济是城市经济产业发展的龙头

海洋对城市的发展不仅仅体现在优美的风景上，更体现在港口经济的活力上。港口经济是海洋经济最重要的组成部分，包括港口运输业、港口仓储物流业、临港商贸旅游业等等。港口经济是以港口为中心、港口城市为载体、综合运输体系为动脉、港口相关产业为支撑、海陆腹地为依托，并实现彼此间相关联系、密切协调、有机结合、共同发展，进而推动区域繁荣的开放型经济。

港口的特殊功能对城市经济的发展，主要作用体现在以下三点：一是港口作为海陆交通枢纽，具有连接国内外市场的作用，可以通过海上运输把国内市场同国际市场连接起来。二是城市发展可充分利用港口的强大辐射力，港口一般具有双向腹地，并具有三个层次，第一层是港口所依托的城市，第二层次是通过各种集疏方式与港口联系的内陆地区，第三层次是港口之间通过航线相连接的向海外所能涉及的区域；第一、第二层次是陆向腹地，第三层则是海外腹地，港口腹地的第二、第三层次的范围往往超过了城市经济辐射能力所达到的范围，因此，港口城市利用这一作用，可大大增强城市的经济辐射功能。三是港口通过能力的扩大，物流、客流量的增加，使城市成为物流和客流中转地，可使城市成为信息汇集的中心，便于各种信息的获得、处理和利用。总之，随着港口与城市的一体化发展，港口作为开展国际贸易和服务业的集聚场所，必将带动城市经济其他产业的发展，成为城市经济发展的龙头。

（三）惠州港的优良资源，要成为惠州市产业转型升级新的经济增长点

一是惠州港的区位优势明显。惠州市沿海港口位于粤东沿海大亚湾和红海湾，地处我国华南沿海经济中心的珠三角东部，处在以香港为核心的远东航运中心地带，依傍国际环球和环太平洋航线，是华南沿海便捷的海上门户，区位优势明显。

二是建港的自然条件优越。大亚湾为山地丘陵溺谷湾、岸线曲折、岛屿多，湾内天然掩护好，波浪小，淤积少，陆域形成条件好，可以建设超大型的港口泊位，是华南地区少有的建港良址。

三是惠州港具备建设综合性大港的岸线条件。据规划，惠州市沿海宜港岸线若得到充分开发，可建设107个以上泊位（其中万吨级以上泊位59个），设计年吞吐能力可达3亿吨以上，完全具备成为全国沿海主要港口（枢纽港）的条件和潜力。东江内河可建设150个码头泊位，设计年吞吐能力可达6000万吨。

四是惠州港外部交通十分便利。惠州市已建成了较为发达的公路网络,为惠州港提供了通往全国各地的公路运输体系;京九铁路和广梅汕铁路贯通惠州,专设惠大铁路连接惠州港,形成铁路连接港口的大陆桥格局。惠州市直接连接港口的惠大高速公路、广惠高速东延线等正在加紧建设,一批疏港的高等级公路也在加快推进,港口物流所需的外部集疏运通道的骨架已初步形成,并正在加快完善之中。

惠州港天生丽质,具有巨大开发潜力,为惠州市从沿江城市发展成为沿海城市提供必要的基础条件。因此,惠州港可以成为也应该成为惠州市产业转型升级促进惠州市经济发展的新动力和新的经济增长点。

(四)加快发展惠州港是惠州经济发展的当务之急

经过20多年的开发,惠州港从小渔港发展成为中等规模的港口,成绩斐然。惠州港1989年只有2个千吨级货运码头,1995年形成200万吨吞吐能力,2010年拥有36个生产性泊位、9000万吨吞吐能力、4534万吨吞吐量(集装箱22.9万TEU)。

我们要充分肯定港口取得的巨大成就,也要实事求是地分析存在问题和差距。虽然这些年惠州港变化很大,港口吞吐总量实现了较大的突破,但是发展活力还不够,综合实力还不强,与全市经济快速发展、与区域经济整体发展和区域港口经济迅速发展的要求还不适应。

从惠州港的货类特性看,目前惠州沿海港口最明显的特征是产业港,而不是物流港,货主专用码头占主导地位,货类单一。从港区布局看,东马港区和碧甲港区的建设主体是华德、壳牌、中海油和粤电力等大型企业,为公共服务的港口企业太少;从实际吞吐量看,2010年货主专用码头完成吞吐量3608万吨,占总吞吐量的77.3%;从货种上看,原油及成品油等制品为3964万吨,占总吞吐量的84.8%。

从惠州港的管理现状看。惠州港的规划建设管理体系不规范,惠州港的公用基础设施的管理有待进一步加强;航道等公共资源需要整合,还原其公益性;内河港区管理要加强,以维护正常的港口生产经营秩序;引航服务设施及其他水上支持保障系统有待完善。

从带动腹地经济发展看。惠州港是典型的产业港,影响范围仅仅在大亚湾沿海一带滨海产业,对惠州市全境的经济带动作用不明显,港口经济对全市经济的贡献率偏低。目前,惠州外贸企业每年的集装箱生成量达200多万标箱,2010年惠州港集装箱吞吐量仅为26.9万标箱(仅占12.8%),可见差距很大。惠州出口企业多选择从深圳港进出,这与惠州市港口软硬件环境不配套、固定航线少、班轮班次少等密切相关。

所有这些都表明,惠州港发展不理想,抱着金砖讨饭吃,港口的影响力和辐射力远没有发挥应有作用。惠州港发展任重道远,惠州港虽具有很好的自然条件,面临发展的重大机遇,也将面临更多的挑战。我们一定要以高度的责任感和使命感,抢抓机遇,奋力拼搏,以更加开放的姿态,更加努力的工作,更加有效的措施,实现更大发展。

二、找准方向,进一步明确惠州港发展的功能定位和发展目标

惠州港作为华南地区的综合性港口,应该如何定位、具备什么功能、向什么方向发展、怎样发展惠州港、如何更有效发挥经济促进作用?这些问题都关系到惠州港发展的前途和命运。

确定惠州港功能定位的指导思想,要着眼于以下三个因素:一是要考虑港口自身的优势和特点。惠州港区位优越,具有岸线长、水深条件好、水域淤积少等优点,可重点建设深水码头泊位,特别是10万吨级以上的超大型泊位。二是要考虑港口腹地的经济发展和市场需求。惠州不仅要建设世界级的石化基地,惠州港要在石化码头方面做强做大,但这只是惠州港的一部分;惠州港有必要、有条件在散货、件杂货和集装箱等货类上谋求更大发展,方能构建现代综合性大港口。三是要考虑周边港口的发展趋势,吸取他们成功的规划建设和管理经验,同时必须突出惠州港的特点,实施差异化的发展战略。

广东省港口布局规划把惠州港定位为广东省地区性重要港口,是定位偏低的。惠州港2010年吞吐总量4672.5万吨,在全国港口中排名第33位,其中:外贸吞吐量2089万吨,在全国港口中排名第20位;沿海港吞吐量4533.6万吨,在全国沿海港口中排名第26位,在全省沿海港口中排名第6位。目前,惠州港的吞吐量与作为全国主要沿海港口的广州港、深圳港、湛江港的吞吐量相比,确实相差很大,从这个角度上说,惠州港还只是中等规模的港口,国家和省将惠州港定位为广东省地区性重要港口,近期是基本准确的。但惠州港未来不能仅立足于广东省地区性重要港口,我们要跳出惠州看惠州港,看到惠州港未来巨大的

发展前景,要站在全国乃至亚太地区港口布局的高度,把惠州港远期发展成为国家主要港口(枢纽港)。这样,可以一方面扩大惠州港的影响力,增强惠州港的竞争力;另一方面,争取国家更多的扶持政策,促进惠州港的良性发展。

惠州港的发展方向要由目前的产业港发展成为物流港。惠州港不应仅仅是为几个沿海工业企业服务的产业港,要朝着能够带动惠州及其周边地区经济腾飞的物流港的方向发展,真正充当经济发展龙头作用。惠州港的功能不仅仅通过管道接卸油品,更需要具备装卸储存、中转换装、多式联运、运输管理和代理、生产生活服务、通信信息等基本服务。同时发展临港工业,发展保税、商贸功能,发展港口物流功能,发展旅游服务功能等。

在港口发展的新阶段,加大港口建设,发展港口经济,我们要实施“三步走”战略。第一步,“起步突破”阶段,依托产业建设港口,实现惠州港“零”的突破,这一步已经实现;第二步,“完善整合”阶段,加快港口建设,争取用5年左右的时间,迈进亿吨大港行列;第三步,“全面提升”阶段,增强港口综合竞争力,争取用10年左右的时间建成国家级主要港口,实现纲要提出的与广州港、深圳港一道,共同构建亚太地区最开放、最便捷、最高效、最安全的物流中心。

目前,惠州港已度过青涩的少年期,正迈向蓬勃发展的青年期,现正处于“第二步”的起步阶段。我们要找准方向、开拓创新、真抓实干、加快建设,力争到十二五期末全港吞吐量达到1亿吨,实现亿吨大港目标。

三、加强领导,发挥政府在港口建设和发展中的主导作用

加快港口建设、做强做大港口经济是惠州市经济和社会发展中的重大战略举措,是贯彻落实市十次党代会提出的“建设环大亚湾经济带、加快双港建设”的具体行动,关系到惠州市的长远发展。我们必须真抓实干,把良港资源的潜在优势转化为现实胜势。为此,我们要坚持五个原则:坚持统一规划、分步实施;坚持政府主导、市场运作;坚持公专兼备、公用优先;坚持客户至上、完善服务;坚持科技兴港、人才战略。

(一)理顺港口管理体制,完善港口管理架构

为促进惠州港的协调可持续发展,从规划、管理等源头着手,理顺港口管理体制。市政府层面,成立了港口建设领导小组,由市政府主要领导领衔任组长,市政府分管领导为副组长,涉港部门领导为成员。市港口建设领导小组统一领

导、指挥协调全市的港口规划、建设和发展，对影响惠州港发展的重要事项进行研究和决策。

政企分开，明确职能，港口的日常行政管理由市港口管理部门负责，港口企业主要做好码头的建设和经营管理，不能出现职能交叉打架。完善港口管理部门的架构，加强港口行政管理，引导惠州港的良性发展。

（二）涉港部门要全力支持并促进港口建设和发展

港口涉及面广，涉港部门较多，各有关部门要从讲政治的高度，全力支持港口的建设和发展，积极为港口发展创造条件，提供方便。特别是港口与周边区域的城市和工业区关系密切，大亚湾管委会、惠东县、惠城区和博罗县等县区政府要为港口发展提供土地、水电消防、安保等方面的支持。涉港事项凡属于本地区本部门职能范围内的事，要各负其责，主动包干完成好；涉及几个部门和单位的事项，要相互协调，密切配合，共同完成好。市港口管理部门要做好部门协调和沟通工作，为港口企业发展排忧解难，全力推动港口发展。

（三）建章立制，有效促进港口发展

一是建立例会制度。港口建设领导小组定期召开会议，原则上一个季度开1次，研究港口发展重大事项。二是由市政府出台《关于加快惠州港发展的意见》，从规划、管理、财税、用海、用地等多方面提出一系列支持港口建设的优惠政策。三是建立有效的监督机制。港口建设领导小组及市府督办要定期进行检查和监督，对认真落实扶持政策、为港口发展做出突出贡献的部门和单位，予以表彰和奖励；对贯彻落实不到位、工作不力的部门和单位，予以通报批评。

市港口管理部门要抓紧时间对港口建设的目标和任务进行层层分解，落实到具体单位、部门和个人，并研究制定具体措施，使各项工作任务和每个环节都有人抓、有人管、有着落。

四、同心协力，共同推进惠州港建设和发展

加快港口发展是一项系统工程，涉及面广，必须动员全社会各方面力量，形成促进港口建设的合力。

（一）加大力度，推进在建项目建设，确保完成今年投资计划目标

今年，市政府安排了5个重点港口项目，要全力推动，确保完成今年的投资计划目标。加快推进荃湾港区国际集装箱码头两个5万吨级泊位建设，1号泊

位力争今年底完成主体工程，2012 年 3 月实现投产试运营；2 号泊位在 2013 年完工。荃湾港区主航道扩建工程和荃湾港区煤码头工程，确保年内动工。华瀛燃料油调和配送中心配套码头要拿到国家发改委的核准文件，年内完成厂区平整工作。中海油大亚湾石化工业区公共码头工程要按计划完成工程目标，确保 2013 年建成。

（二）积极推进“十二五”规划的港口项目前期工作

惠州市“十二五”期规划的港口项目有 15 个，总投资达 117 亿元，在惠州市基础设施建设中将充当重要角色。“十二五”期是惠州市港口投资最多最密集的时期，也将是惠州市港口发展重要时期。

市港口管理部门要按“投产一批、建设一批、筹备一批”滚动发展的思路，想方设法推动“十二五”期规划项目落户，积极推动前期工作，协助业主单位解决立项报批、工程设计、征地拆迁等方面的问题，多为港口项目排忧解难，确保这些项目如期开工建设，早日建成投产。

（三）广开渠道，招商引资，争取更多的港口项目落户惠州港

加快惠州港发展，是一项长期的系统工作。要加强对惠州港的宣传，不断扩大惠州港在国内外的知名度和影响力，吸引货源到惠州港进出，做大吞吐量。广开渠道，招商引资，争取更多的项目落户惠州港。要重点发展公用型码头，引导惠州港往综合化物流港方向发展。

（四）广纳贤才，培养造就一支强有力的港航人才队伍

惠州港的美好蓝图要有人才去描绘、更需要有人才去落实，我们要从政府和企业两个层面，积极引进港航方面的人才，构建多层次的港航人才队伍。一方面我们要出台优厚政策，吸引外面的港口专业人才队伍；另一方面港口管理部门和相关港口企业也要大力培养现有人才队伍，破格启用，让人才在惠州市港航领域建功立业，从而推动惠州港的跨越式发展。

（本文成稿于 2011 年 12 月 1 日）

加快港口建设和发展的建议措施

“十二五”期是惠州市改革开放和现代化建设的崭新时期，在《珠江三角洲地区改革发展规划纲要(2008—2020年)》(以下简称《纲要》)的指导下，惠州市将转变经济发展方式，加快产业结构升级，升华惠民之州，全面融入珠三角经济区。未来五年，惠州市将突出抓好三件大事：建设环大亚湾新区、打造四个产值超千亿元的产业集群、争当宜居宜业宜游城乡协调发展示范区。

加快惠州港发展是惠州市抢抓机遇、迎接挑战的迫切需要；是以科学发展观为指导，贯彻落实《纲要》的重要举措；是推动落实三件大事的重点，促进惠州实现跨越式发展的战略措施。在新的发展历史阶段，惠州市将实施“双港”(海港和空港)发展战略，按照“完善布局、整体推进、协调发展、实现跨越”的总要求，采取八大策略，高起点谋划、高标准建设港口，打造亿吨大港，发展港口物流业，充分发挥港口在经济发展中的龙头作用，带动全市经济可持续发展。

根据交通运输部的《关于促进沿海港口健康持续发展的意见》和广东省交通运输厅《广东省“十二五”沿海港口发展意见》(粤交港〔2012〕1153号)，借鉴其他城市港口发展经验，结合惠州市实际，提出如下加快惠州港建设和发展的建议措施。

一、惠州港发展的指导原则和目标

1. 功能定位

跳出惠州看惠州港的发展定位，着眼于国际国内经济发展形势，惠州港服务腹地范围应拓展至珠江三角洲地区，乃至京九铁路沿线江西、湖南等地区，满足珠三角、粤东北、江西乃至京九铁路沿线地区经济发展需要，扩大惠州港的影响面。

积极参与广东省沿海港口的“亚太中心战略、南北枢纽战略、珠江门户战略”，打造高效、绿色、安全、智慧港口，努力把惠州港建设成为设施先进、功能完善、管理科学、运行高效、绿色环保、文明安全的现代化港口，国家沿海大型原油石化中转储运基地之一，华南地区大型散货转运中心和集装箱支线港，京九运输大通道便捷出海口和区域性综合运输枢纽，通过珠三角港口一体化与珠三角其他港口共同打造亚太地区最开放、最高效、最便捷、最安全的物流中心，争取从广东省重要港口发展成为全国沿海主要港口。

2. 指导原则

树立和落实科学发展观，实施港口优先发展战略。把经济和社会、速度和效益、结构和质量、保护和发展有机地统一起来，努力实现港口的全面、协调和可持续发展。

坚持统一规划、分步实施：超前谋划，合理布局，精心设计，科学管理，全面提升港口功能。

坚持政府引导、完善体制：在资源利用、配套服务、公共基础设施、税费征管及使用等方面，加强政府的引导和宏观管理，从体制机制层面解决凸显的瓶颈问题，整合港口资源，提升港口的服务能力。

坚持市场运作、优化资源：广开融资渠道，鼓励多种形式的兼并重组，形成多元化投资主体，增强港口发展活力，提高经济效益。

坚持客户至上、完善服务：提高工作效率，降低通关成本，创造一流环境，通过优化服务，增强吸引力和凝聚力，在密切与腹地联合与协作中，实现加快发展。

坚持科技兴港、人才强港：采用现代管理、现代设计施工、现代工艺装备，增加科技含量，提高技术水平，加快港口现代化进程。实施人才激励政策，吸引和培养港口专业人才，促进港口可持续发展。

3. 奋斗目标

近期目标：2015 年，港口吞吐量达到 1 亿吨，成为亿吨大港，港口管理与服务体制机制基本完善，可持续发展能力明显增强。

中期目标：2020 年，港口货物吞吐量超过 1.5 亿吨，港口综合服务能力显著加强，对区域经济的辐射力和带动能力显著提升。

远期目标：2030 年，港口货物吞吐量超过 2 亿吨，发展成为功能齐全、服务完善、生态环保的现代化综合性港口，成为华南地区的物流中心和商贸中心之一。

二、政策措施

(一)实施规划引领策略，统筹港口发展

1. 完善港口规划体系

全面统筹考虑港口发展因素，科学编制惠州港总体规划，发布《惠州港章》。编制《惠州港物流发展规划》，促进惠州港物流业的发展。本着港口优先的原则，对具备建港条件的区域，预留出充分的岸线和陆域纵深地带，以满足港口物流和临港工业发展用地需要。

为提升惠州港总体规划的可操作性，在总体规划基础上，开展分港区控制性详细规划的编制工作。港口总体规划和港区控制性规划要与《惠州市城市总体规划》、《惠州市土地利用总体规划》、《大亚湾海洋功能区划》及各县区城市总体规划等规划相协调。将港口建设用地用海纳入土地利用总体规划和海洋利用规划，优先保证港口重点工程项目用地和用海。

加强对港口岸线和集疏运通道线位等资源的保护。在港口建设用地、疏港铁路、公路、管道以及电力、给排水等基础配套设施规划中，要与港口发展相衔接和协调。

2. 强化港口规划实施和用地用海管理

加强规划执法，维护港口规划的权威性和严肃性，避免重复建设和无序竞争，引导港口资源整合，确保港口资源的合理利用和科学布局。按照“深水深用、浅水浅用”的原则，严格岸线审批管理，正确处理发展与保护、利用与储备的关系，科学合理利用岸线资源。规划港区范围内的岸线和陆域(含岛屿)用地，原则上用于港口项目建设。加强港口用海管理，按照《广东省海洋功能区划》、《惠州市海洋功能区划》、《惠州港总体规划》，保障港口发展用海。

(二)实施筑基扩能策略，提升港口综合服务能力

1. 加快港口码头基础设施建设

全力推进“十二五”港口规划重点项目建设，加快港口硬件建设，提高港口吞吐能力，做大港口规模。一是大力发展公用码头，为发展物流港奠定基础。与珠三角其他港口实施差异化发展战略，加快集装箱、散杂货、煤炭、矿石等码头建设。二是继续建设货主专用码头，促进临港工业发展。三是升级改造老码头，提高吞吐能力。

2. 完善港口公用基础设施的建设和管理维护体制

对公用进港主航道、锚地、防波堤等港口公用基础设施由政府主管部门统一规划、维护、管理和调度，确保船舶通航和停泊的安全。为适应国际航运业船舶深水化、大型化、专业化发展需要，政企合作加快提升港口公用进港主航道等级。

3. 加快港口配套基础设施建设

一是逐步完善水、电、气、消防、通信等港区配套设施。建设陆域和海上消防体系；建设港区污水处理系统，将污水统一排放到城市污水处理厂进行处理，满足港口的建设、经营的需要。二是调整优化大亚湾海底管线布设，为港口建设和发展减少障碍。三是加快构建与港口相连的公路、铁路、管道等对外交通体系，完善港口集疏运系统，加强港口与腹地的联系。四是建设港口引航基地、海事监管基地，引进现代化设施和设备，提升港口服务能力和水平。

4. 健全港口功能

根据市场需求和现代港口发展趋势，进一步完善装卸仓储、中转换装等港口基本功能，拓展加工配送、交易结算、信息服务、保税仓储等现代港口功能。继续发挥为临港工业服务的产业港作用，进一步有效发挥港口带动腹地经济全面发展的物流港和商贸港的作用。

5. 推进绿色港口建设

坚持政府引导、市场调节、企业主体和公众参与的原则，打造资源节约型、环境友好型的绿色港口。完善港口环境应急体系，大力推动落实港口防污染措施，全面推进集装箱堆场装卸油改电、煤炭码头全面使用现代化防尘、除尘装置。推动靠港船舶使用岸电、鼓励船舶使用清洁燃油。加强港口固体废弃物的收集、储存、运输和处理。

6. 打造平安港口

加强港口安全生产管理，进一步完善港口安全生产监督制度，推行“一岗双责”安全生产责任制。加强港口设施安保，完善港口生产安全监管体系。推行港口安全生产标准化管理，对港口安全生产实施量化考核。利用现代化技术提升港口安全生产管理水平，建立港口安全生产档案，建设港口安全生产视频监控系统。整治内河码头，规范内河码头的生产经营行为，消除内河码头的生产安全隐患。

加大对重大危险源的监控力度，完善港口安全生产应急救援体系。加强港口支持保障系统建设，提升打捞救助的能力，减少船舶海难损失。

（三）实施区港联动策略，促进港口相关产业发展

1. 优化区港布局

以港口为依托，努力形成交通、物流、临港工业和综合服务四大产业体系。推进区港联动，形成以港口为枢纽的现代物流体系；加快金融、保险、信息网络、中介服务等行业的发展，形成以港口为核心的现代化综合服务体系。

加快港区功能组合和延伸放大，促进物流中转、仓储、分拨、配送、运输等功能有效整合，逐步完善港区综合物流功能和国际贸易功能。充分综合利用港口资源，积极发展多式联运。大力拓展现代物流，完善航运配套服务功能，形成专业运输市场和仓储服务业等，促进物流园区和港口的共同发展。

编制港口配套服务区规划，加快港口配套服务区建设。重点建设荃湾港区服务于集装箱及通用散货的铁水联运中心、东马港区石化类运输仓储中心、惠东港区以集装箱和散杂货为主的转运中心，服务于东江沿江经济带的内河港口物流中心。

2. 发展港口休闲旅游产业

适时在惠东和大亚湾小桂等地建设海上观光和休闲旅游产业基地，建设服务珠三角的挂靠点，提升大亚湾的旅游品位。

（四）实施航运拓展策略，增强港口实体竞争力

1. 加快培育港口航运骨干龙头企业

在资金、用地、岸线、人才等方面给予本地港口企业更大优惠政策，做大做强本地港口企业。通过上市、发行债券等渠道，加大融资力度，增强本地港口企业的发展实力。积极推进本地港航企业的兼并、重组和整合，引导本地航运企业走集团化、规模化的发展之路。

2. 鼓励港口投资多元化

积极引进国内外大型港航企业进驻惠州港，共同建设经营惠州港。拓展融资渠道，广泛吸引国内外投资，重点吸引大型船公司、大货主、大集团等多元投资主体参与港口建设。

鼓励和引进外资、民营企业等各类市场主体对港口物流园区的建设和经营。支持鼓励惠州市物流企业与国内外一流物流企业的合资合作，提高物流技

术和管理水平。

3. 大力开拓货源市场

加强惠州港的宣传与推介，提高惠州港的知名度。加强区域交流与合作，争取开辟更多对外航线，特别是固定班轮航线。积极引导扶持港口企业加强对腹地货源市场的调查研究和分析，制定相应的拓展货源对策。一手抓市外揽货，一手抓本地大宗货源。以资本为纽带，广结战略联盟，开拓市场，吸引货源。依靠港口企业制度创新、技术创新和服务创新，与货主建立长期稳固的货运服务合作关系。同时，积极运用经济手段，与有关港口和码头建立经济合作关系，实现互惠互利。

4. 形成港口价格比较优势

企业加强内部管理，降低运营费用。健全和完善价格优惠机制，本着鼓励大户、鼓励增量的原则，对重点货类、重点航线、大船东、大客户，给予更多的优惠。开展港口重点企业认证，给予重点企业优惠政策，享受绿色通道，在法律法规允许的范围内给予重点企业用水用电一定比例的价格优惠。

降低客户的综合运输成本，为客户做好贴身服务，策划运输组织方案，减少中间环节，优化运输方式，形成并保持在珠三角港口群中的价格比较优势，增强对船东和货主的吸引力。

5. 积极推进铁水联运

以打造京九铁路南端最便捷出海口为目标，充分利用依托京九铁路的优势，与铁路部门多层次合作推进铁水联运。争取国家和省的铁水联运扶持政策，发动港口企业的积极性，共同推进铁水联运。通过铁水联运与腹地城市联合组建内陆无水港，扩大惠州港的辐射面和影响力，提高参与铁水联运的港口企业效益。

加快惠大铁路的技术改造，建设站场至港口码头前沿的支线铁路，实现无缝连接，增强疏港铁路的运输能力，优化铁水联运组织管理，提升铁路运营效率，降低铁水联运成本。

（五）实施智慧港口策略，提高港口现代化水平

1. 提高港口信息化水平

积极推广运用现代信息化技术，拓展电子数据交换中心的服务功能，形成港口信息服务平台。开发和推广应用港口管理信息系统，建立全港视频监控系

统,港口安全管理信息数据库,船舶调度系统,引航管理信息系统等,逐步建成惠州港 EDI 中心,发展智能化港口。

整合口岸信息资源,完善网络服务功能。建立港口信息平台,实现口岸物流信息、作业信息与海关通关信息的全面对接互动,保证舱单信息、报关信息、查验信息、放行信息的全程网络化传输。在场站、运输车辆、码头之间实施口岸各部门共享的 IC 卡管理。积极创造条件,推广全球定位系统的应用。对港口信息化建设,政府部门给予一定的资金和技术支持。

2. 提高港口作业效率

新建码头引进现代化的港口设施设备,对原有码头进行技术改造,提高港口装卸作业效率。采用现代化管理手段,科学组织,科学调度,不断加快货物在港周转速度,缩短船舶在港停泊时间。争取到“十二五”末,港口作业单位能耗比“十一五”末下降 10%。

(六)实施服务提升策略,营造一流口岸环境

1. 创造良好口岸政策环境

对到港口投资、运营的国内外企业实行优厚待遇。涉港管理部门加强服务意识,完善服务设施,兑现服务承诺,强化社会监督,全面提升服务水平。建设港口客户服务中心,为客户提供高效、便捷的服务。积极争取国家给予保税港区政策,建立保税物流园区,大力推动区港联动。

2. 进一步提高口岸综合效率

口岸各有关部门要牢固树立支持港口发展的意识,采取便民便企措施,落实 24 小时通关运作,治理、规范和优化中介服务市场,加强行业管理和监督,切实提高通关效率。

海关、海事、检验检疫等部门要进一步完善口岸“大通关”模式,实现全天候通关、一站式通关;采取集中审单、属地接放,全面提升口岸整体服务功能。

银行、税务、保险等相关机构要适应全天候通关的需要,合理布局服务网点,延长服务时间,开展网上纳税、网上付费、网上理赔等,加快工作效率。

交通管理、综合执法等部门要强化服务意识,加强港口公路集疏运的交通疏导和管理。积极创造条件,设立集装箱车辆快速通道,提高港口集疏运效率。

海关、检验检疫等部门提前介入集装箱物流中心等区域的监管,驻点办公保证监管,完善功能,优化服务,积极吸引港外集装箱堆场进入中心经营。按照

市场经济和规范管理的原则,将散落在城区内干扰交通干道的集装箱堆场归并到集装箱物流中心。

3. 降低口岸综合费用

海关、检验检疫等联检部门要建立一次性联合查验作业机制,实现查验结果数据的部门间共享。根据企业诚信情况开展风险管理,有效提高查验的针对性和准确率,最大限度减少盲目和不必要的查验,降低企业口岸费用。船货代理要提高服务水平,降低收费费率,形成具有竞争力的惠州口岸综合价格优势。

(七)实施合力兴港策略,促进港口快速可持续发展

1. 土地使用政策

实施港口建设用地、后方区港联动发展区(物流发展用地)的土地使用优惠政策。凡符合《划拨用地目录》的港口基础设施项目用地,经批准以划拨方式取得土地使用权。与港口建设和港口工业相配套的物流园区建设用地,按照国家相关法规的规定进行供地。

凡符合惠州市城市总体规划、土地利用总体规划和综合交通运输体系规划,并经认定的市级以上重点港口和物流项目,在土地利用年度计划内优先予以安排。

2. 海域使用政策

根据港口规划建设需要,适当调整海洋功能区范围,加快用海审批,支持港口项目建设。加快清理规划港区内的养殖项目,海洋功能区划确定的港口航运区海域,不得从事养殖生产活动。港口公用进港航道、公用港池(不含码头前沿水域)、锚地、防波堤等非经营性基础设施用海,由建设单位依据有关规定申请减免海域使用金。

3. 财税政策

在国家财税政策允许的条件下给予港口企业所得税税收优惠政策,支持港口企业生产经营,帮助港口企业发展壮大。港口企业所缴纳的企业所得税地方留成部分适当安排作为港口发展专项资金,作为港口公用基础设施建设的保障基金。

4. 加大政府性资金投入

按"以港养港"的原则,市财政整合现有的港口航运企业资金、港口物流服务业资金、港区土地开发收益和港口规费等,建立港口发展专项资金,每年安排

一定规模的资金，主要用于港口公共基础设施的建设维护、引航服务基地建设、扶持航运产业发展、大宗物流项目引进、港口物流园区建设、港口及物流龙头企业培育、港航联动拓展、物流服务体系创建、公共物流信息平台建设。采取贴息、补助、奖励等方式给予港口和物流企业的财政支持。

港口公用基础设施（包括进港航道、锚地等）建设资金，除积极争取上级交通运输部门安排的资金补助外，市、县（区）政府要加大投入建设资金。港口生产经营性设施建设资金由港口企业自筹解决。

各县（区）也要在年度财政预算中，特别是大亚湾经济技术开发区，要安排专项资金，支持港口和物流业等的可持续发展。

加强港口专项资金管理，切实强化绩效评估，更好地发挥专项资金的作用。

（八）实施人才发展策略，提升港口活力

1. 加大人才的培养和引进力度

从政府和企业两个层面，构建多层次的港航人才队伍。加快引进和培养港口规划、建设、经营管理、设施保安、安全监管、引航等方面的专业人才，形成一支数量匹配、结构合理、业务精专、素质优良的港口人才队伍，为惠州市港口行业发展服务。

成立市政府港口发展咨询专家库，积极引进港口高级人才，尤其是引进港口专业博士或高级职称人才，享受市里统一出台的人才引进优惠政策。

2. 引进港口发展咨询机构

鼓励国内外物流咨询公司、研究院所在惠州市设立咨询公司或办事处，享受国家开发区企业的优惠政策。以港口发展论坛等多种形式，为惠州市港口发展出谋献策，吸引更多的高新技术企业来惠参与港口建设与发展。

三、保障措施

1. 加强港口发展的领导和协调

市政府成立市港口建设领导小组，统一指挥，统筹解决港口建设和发展的重大问题。对涉及港口规划和岸线使用的重点建设项目，须报请市港口建设领导小组会审。

港口建设领导小组办公室主要负责港口日常协调工作，坚持定期报告制度。港口发展中需要向上级部门报批的重大事件，由市港口建设领导小组办公室与各有关部门沟通衔接,做好统筹协调工作。

2. 加强港口行政管理

市港务管理局作为全市港口的日常行政主管部门,依据《中华人民共和国港口法》的规定,认真做好港口服务和管理工作,制订管理制度,完善管理架构。

市港务管理局在依法行政的基础上,努力加强发展战略研究,了解经济全球化及当代航运、港口业发展趋势,确定科学合理的规划布局和发展目标,确保港口资源合理开发利用。

3. 涉港部门齐力兴港

全市各有关部门和港口所在县区政府要进一步统一认识,增强加快港口发展的责任感,顾全大局,服从整体,主动为港口发展开绿灯、做贡献。要明确任务和责任,狠抓政策和措施的落实。凡属职能范围内的工作,要各负其责。涉及几个部门的,要主动配合,加强协调,形成支持港口加快发展的合力。

积极参与珠三角港口一体化,进一步做好港口周边区域与港口在规划上的衔接,重大问题要相互沟通,建立协商机制,不断改善港口外部环境。

4. 建立有效的监督与奖罚机制

市政府督查办要对落实港口建设和发展情况进行定期检查和督办,对贯彻落实不到位、工作不得力的部门和单位要及时督查,限期整改。对港口发展中的重大问题,积极主动听取市人大代表、市政协委员的意见和建议,接受监督。广泛听取港口相关企业及客户对港口服务的意见,认真加以改进。

(本文成稿于 2012 年 3 月 19 日)

实施八大策略　打造亿吨大港

2013年是惠州市争取进入珠三角第二梯队的开局之年，港口作为环大亚湾经济带建设的龙头，惠州市港口发展将迎来前所未有的新机遇，也面临新的挑战。笔者认为，可通过实施八大策略，加快推进惠州港的建设和发展，实现亿吨大港目标，力促惠州港成为广东港口第二梯队排头兵，为惠州市尽快进入珠三角第二梯队做出应有贡献。

一、惠州港的现状及存在的主要问题

惠州市拥有自然海岸线总长281.4公里，其中大亚湾具有优越的建港自然条件，湾阔水深，湾内岛屿众多，浪轻淤微，陆域形成条件好，是华南地区难得的天然良港。

惠州港包括海港和河港两大部分，其中海港分荃湾、东马、惠东三大港区。至2012年底，海港有12家码头企业运营，拥有生产性泊位39个（其中万吨级以上深水泊位18个），设计年吞吐能力9691万吨。惠州港现拥有2个30万吨级泊位、2个15万吨级泊位，是我国超大型泊位最集中的港口之一。2012年海港货物吞吐量为5119万吨，河港货物吞吐量1888万吨，全港总吞吐量7007万吨。

按惠州港目前的发展规模，处在广东省港口发展第二梯队，但惠州港目前还存在一些亟待解决的问题，主要有：

（1）沿海港区公用码头比例小，导致码头利用率偏低，货源不足、货种较少，固定航线偏少；

（2）沿海港口公用设施（航道、锚地、防波堤等）投入不足，公用配套设施滞后；

（3）内河港区简易装卸点无证经营，存在安全和环保隐患；

（4）引航服务设施不足，引航服务能力有待提升；

（5）疏港集疏运体系亟待完善；

(6)港口安全生产形势严峻,码头公共安保设施需要进一步加强。

二、惠州港十二五期发展目标

根据《惠州市综合交通运输十二五规划》,惠州港"十二五"期发展目标为:海港的吞吐能力达1.2亿吨,河港的吞吐能力达2000万吨;全港实际吞吐量1亿吨,由此踏入亿吨大港行列。

"十二五"期,惠州港将进一步建设完善码头及进港航道设施,续建或新开工建设14个沿海港口航道项目,新建东江内河航道2个码头10个泊位,升级改造15个泊位等。"十二五"期,惠州市港口航道项目总计投资约114亿元,海港新增吞吐能力5777万吨(其中集装箱88万TEU),河港新增吞吐能力2082万吨。

三、惠州港十二五期的发展策略

"十二五"期是惠州市全面实施《珠江三角洲地区改革发展规划纲要(2008—2020年)》,加快融入珠三角,转变经济发展方式、升华惠民之州的重要时期。市委市政府提出"十二五"期惠州市将突出抓好三件大事:建设环大亚湾新区、打造四个产值超千亿元的产业集群、争当宜居宜业宜游城乡协调发展示范区,尽快跨入广东省经济发展第二梯队行列。在新的发展历史阶段,惠州市港口按照"完善布局、整体推进、协调发展、实现跨越"的总要求,实施八大发展策略。

(一)规划引领策略

《惠州港总体规划》经省政府批准后,将严格按规划实施,确保规划的严肃性和指导性。编制《惠州港物流发展规划》,促进惠州港物流业的发展;为使《惠州港总体规划》更具可操作性,将进一步做好各港区控制性详细规划等专项规划。将港口建设用地纳入土地利用总体规划,优先保证港口重点工程建设用地。港口资源特别是宜港岸线资源是非常稀缺的、不可再生资源,要保护性开发岸线资源,加强对港口岸线资源的管控。

编制《惠州港引航发展规划》、《惠州港章程》,积极开展《大亚湾游艇容量研究》、《大亚湾航道通行能力研究》、《惠州港口建设对社会经济发展贡献率研究》、《惠州港公用设施整合研究》等研究工作,以规划研究成果指导实践,提高港口发展科学决策水平。

(二)筑基扩能策略

全力推进“十二五”港口规划重点建设项目建设。实施错位发展战略,大力发展公用码头,继续支持临港工业项目配套码头建设,加快港口码头的建设与改造,进一步提高码头通过能力。加快港口公共设施建设,完善港口集疏运体系,加强港口与腹地的联系。逐步完善水、电、气、消防、通讯、污水处理系统等港区配套设施。

健全港口功能,加强港口公共服务体系建设,进一步完善装卸仓储、中转换装等港口基本功能,拓展加工配送、交易结算、信息服务等现代港口功能。加强港口设施安保,完善港口生产安全监管体系,打造平安港口。

(三)物流驱动策略

利用港口资源,大力推动区港联合发展,建设港口物流园区,发展临港加工贸易区,加快现代港口物流业发展,建成粤苏皖赣四省物流大通道起运点。积极争取国家给予保税港区政策,争取开辟保税物流园区,开展保税物流。积极发展铁水联运,打造京九铁路南端最便捷出海口,与腹地城市联合组建内陆无水港,扩大惠州港的腹地和影响力。

(四)企业促进策略

加快培育港口航运骨干龙头企业,在资金、用地、岸线、人才等方面给予港口企业更大优惠政策,促进港口企业上市、发行债券,做大做强港口企业。积极推进港航企业的兼并、重组和整合,引导航运企业走集团化、规模化的发展之路。加强区域交流与合作,争取多开辟对外航线,特别是固定班轮航线。降低客户运营成本,形成港口价格比较优势。

大力开拓货源市场,加强惠州港的宣传与推介,提高惠州港的知名度,积极引导扶持港口企业加强对腹地货源市场的调查研究和分析,制定相应的拓展货源对策。

(五)智慧港口策略

开发应用港口三维 GIS 管理信息系统,建立全港视频监控系统,港口综合业务管理信息系统,港口调度引航管理系统,逐步建成惠州港 EDI 中心,利用三年时间基本建成智慧港口。采用现代化管理手段,科学组织,不断加快货物在港周转速度,缩短船舶在港停泊时间,提高港口生产效率。

（六）服务提升策略

港口管理部门加强港口管理，完善服务措施，兑现服务承诺，强化社会监督，全面提升服务水平。加快引航基础设施建设，提高引航服务能力。进一步提高口岸综合效率，口岸联检部门积极支持港口发展，落实24小时大通关制度。治理、规范和优化中介服务市场，加强行业管理和监督，提高通关效率。

（七）人才发展策略

从政府和企业两个层面，积极引进和培养港航方面人才，构建多层次的港航人才队伍。引进和培养港口规划建设、经营管理、设施保安、安全监管、引航服务等方面的专业人才，形成一支数量匹配、结构合理、业务精专、素质优良的港口管理队伍，为惠州市港口行业发展服务。

（八）合力兴港策略

港口建设涉及面非常广，一个港口要发展，必须全市一盘棋，形成港口发展合力。港口发展必须加强领导，充分发挥市港口建设领导小组的指挥和协调作用。港口行政主管部门依据《港口法》等有关法律法规规定，建章立制，依法行政，认真做好港口管理和服务工作。市直各有关部门和县区政府根据各自职能，主动为港口发展开绿灯，形成全市合力兴港的氛围。

（本文成稿于2013年1月）

打造智慧港口的思考

“十二五”是惠州市加快转型升级，建设幸福惠州的关键时期，是贯彻落实《珠江三角洲地区改革发展规划纲要（2008—2020年）》，构建区域一体化格局，推动粤港澳经济融合发展的关键时期。按照交通运输部提出的“兴内河、优港口、强海运”的总体思路和《广东省“十二五”沿海港口发展意见》提出的实施“亚太中心战略、南北枢纽战略、珠江门户战略”，打造高效、绿色、安全、智慧港口的总要求，实现港口物流服务和管理智能化，运用现代信息技术，建设惠州“智慧港口”是目前惠州港面临急需解决的问题之一。

从整个国际港口的发展历程来讲，按照联合国贸发会对港口发展的定义和阶段的划分，“智慧港口”应该是在第四代港口基础上的产物。按照联合国贸发会对整个港口的分类，现在港口的发展一共分四个阶段。第一代港口最简单，就是两个功能：船舶靠泊、货物装卸。第二代港口是在这个基础上加了一些商贸和专业化功能。码头分为了集装箱码头、原油码头、散杂货码头等一些专业化码头。后来发展到第三代港口，就是在原有的基础上增加了物流和金融方面的东西。第三代港口基本上是以港口为物流中心，就是除了原有的临港产业、临港工业，又增加了一些物流的功能。第四代港口，是从21世纪开始，在物流基础上，不把港口看成一个物流中心，而是把港口看作供应链上的一个节点，从整个供应链的基础上来看港口的功能，涉及的包括物联网、服务、技术等各个方面的创新。

一、建设“智慧港口”的重要意义

（一）有效推进港口信息化，提高港口作业效率和提升港口服务水平

信息技术是当代社会最具潜力的新的生产力。加快交通运输信息化建设既是贯彻落实国家经济发展战略的重要体现，也是新时期交通运输行业发展的内在要求，对于调整交通运输结构、转变发展方式、发展现代交通运输业具有重要的作用。当今世界，信息技术发展突飞猛进，物联网、云计算、遥感遥测、北斗

卫星导航等高新技术的研发和应用将突破制约交通信息化建设的技术瓶颈,为转变发展方式、破解交通运输业发展难题提供强有力的支持。

广东省先后制定了《关于加快发展物联网建设智慧广东的实施意见》以及《关于加快发展物联网建设智慧广东的实施方案(2011—2015 年)》,意在有效推进物联网相关先进信息技术在全社会的应用,打造“智慧城市”,而港口作为城市的重要交通集散点,打造“智慧港口”,也是实现“智慧城市”不可或缺的一部分。

依据《公路水路交通运输信息化“十二五”发展规划》和《广东省交通运输“十二五”科技发展规划》,惠州市在《惠州市交通科技信息化“十二五”发展规划》中,针对港口信息化,也提出了若干明确要求:推广应用“港航业务综合管理系统”,“港口重要货场、堆场、危险作业区 100%实现监控”,“实现惠州主要港口重点物资和应急运力的动态监控,开展港口重点物资的跨区域运输协调和应急运力的调度管理。”等等。

科技部将惠州市列为广东省“智慧城市”两个试点城市之一,“智慧城市”建设将是惠州市信息化建设的重要任务,“智慧港口”将是“智慧城市”建设的重点领域之一。

惠州港目前的信息化水平仍处于比较落后的面貌,加快建设惠州港“智慧港口”,有效推进港口信息化,将有利于提升港口的生产效率、通关效率、商务效率和管理效率,提高港口的整体服务水平。

(二)打造“绿色港口”,提升港口节能减排水平

建设资源节约型、环境友好型社会是我国一项长期的战略任务,交通运输行业是能源资源消费和温室气体排放的重点领域之一,要求必须树立绿色、低碳发展理念,以节能减排为重点,加快形成资源节约、环境友好的交通发展方式和消费模式,构建绿色交通运输体系,实现交通运输发展与资源环境的和谐统一。

《广东省交通运输“十二五”节能减排发展规划》中提出了“对全省沿海港口和主要内河港口开展绿色港口创建活动,实施绿色港口行动计划”,《惠州市“十二五”节能减排综合性工作方案》中针对港口节能减排和绿色港口行动,提出了港口生产单位吞吐量综合能耗下降 8%。港口生产单位吞吐量 CO_2 排放下降 10%的节能减排目标。而建设“智慧港口”,促进港口管理信息化和装卸设

备智能化是建设“绿色港口”的有效途径。

在惠州港开展“智慧港口”建设，是响应交通运输部“推进交通信息化建设”和“节能减排”的政策性举措，是广东省推动“物联网”技术在交通运输行业应用的着力点，要针对惠州港的交通信息化现状，以及港口业务现状，对惠州港“智慧港口”的建设进行规划、设计，以期有效提升惠州港的作业效率和服务水平，降低惠州港的碳排放和能源消耗，打造高效、绿色、安全、智慧的惠州港。

二、建设惠州港“智慧港口”的主要思路

惠州港“智慧港口”的建设，基于目前的惠州港信息化现状，紧紧围绕未来港口业务发展的需求，在6~10年内，稳步推进“智慧港务”、“智慧码头”和“智慧口岸”的建设实施，在“十二五”期间，形成“智慧港口”雏形，力争在“十三五”期末实现惠州港政务管理、港口业务、公共服务智能化，实现“虚拟港口”的构建，形成安全畅通、环保高效的国际性现代化“智慧惠州港”。

1. 通过“智慧港务”建设，显著提升惠州市港口主管部门行政办公与行业监管信息化水平，实现港口主管部门行业审批、投资、统计、规划、监管的信息化管理，提升惠州港务集团生产、财务、人力资源等业务管理的信息化水平。

2. 通过“智慧码头”的建设，实现港区企业作业与管理信息化水平稳步提高，以港务集团相关公用码头为建设重点，推进码头相关业务（集装箱、散杂货、油品、滚装）的信息化管理水平。

3. 通过“智慧口岸”的建设，推进惠州港电子数据交换中心建设，建成电子口岸，大幅提高口岸综合查验效率，电子商务发展迈上新台阶，实现港口服务和管理的智能化。

4. 通过“智慧港务”、“智慧码头”以及“智慧口岸”的建设，以“惠州港EDI”为纽带，实现“智慧口岸”概念的同时，为“智慧码头”各相关企业及用户提供优质的客户服务，为“智慧港务”的港口发展决策者提供实时的业务分析数据，实现三者的有机结合与发展，并结合未来惠州港物流园区、铁水联运以及内陆无水港建设，构建信息化的智慧惠州港。

三、做好规划，是科学指导惠州港“智慧港口”建设的前提

建设“智慧港口”必须有一个总体规划来指导，避免盲目建设，导致投资失

败。通过对惠州港建设“智慧港口”的需求和功能定位分析，构建“智慧港口”的总体框架，明确“智慧港口”的建设内容、建设目标和建设策略。

总体规划通过分析惠州港的信息化现状和港口业务发展的需求和趋势，确定未来“智慧港口”的发展模式和定位。同时借鉴兄弟港口的信息化建设经验，可以更好地指导惠州港智慧港口的建设，避免重走兄弟港口信息化建设进程中走过的弯路。

若缺乏总体规划，每个项目是单独建设和实施。在项目的实施过程中，不同项目之间难免会出现职能的重复，造成人力、物力、财力、时间等资源的浪费。而由于缺乏科学的指导，项目往往只考虑到当前项目的需求，而忽略了与其他项目之间数据与业务的对接，形成信息孤岛，使项目无法发挥其最大效能。通过“智慧港口”的总体规划，可以明确每个项目的职能，以及项目之间数据、业务之间的关联。在规划方案的指导下，项目的设计、建设可以更为合理，有效地节省了人力、物力、财力、时间等资源的投入，更好地推动智慧港口的建设进程，提升惠州港的竞争优势。

四、创造条件，逐步建成“智慧港口”

“智慧港口”是一项系统工程，需要投入大量的资金、人力，不可能一蹴而就。可采取先易后难，先简后繁，逐年逐步实施的办法落实。惠州港暂定三年初步建成“智慧港口”：2013 年为“智慧港口启动年”、2014 年为“智慧港口建设年”、2015 年为“智慧港口完善年”。

资金问题是“智慧港口”建设的关键问题。为解决资金问题，可采取几个一点的办法筹集：一是争取交通运输部和省交通运输厅港口信息化项目的补助资金；二是争取市财政出资，港口信息化平台是港口发展的公共平台，提高港口公共服务能力的重要支持，是政府重点扶持的项目；三是港口规费，港口设施保安费的公共部分，引航费的事业发展部分，是建设“智慧港口”的重要资金来源。另外，部分“智慧港口”项目，可通过提供有偿服务，收取服务费用，保障“智慧港口”项目的运作。

人才问题是“智慧港口”建设的重要问题。一方面，港口管理部门和港口企业要招聘信息化建设的技术管理人才，成为“智慧港口”建设的中坚力量；另一方面，充分利用社会力量，采取服务外包的形式，开展相关项目。

为加快“智慧港口”建设，可与有实力、有经验的大型信息化企业开展战略合作，借力发展“智慧港口”。利用大型信息化公司现有的技术资源，如云平台，信息网络等硬件设施，港口部门主要精力放在相关软件系统的开发，减少工作量，减少初期投资和硬件维护，实现共赢发展。

（本文成稿于 2013 年 1 月）

跻身第二梯队　惠州港如何发力

一、惠州港发展情况

惠州港经过多年的建设,初步形成了一港三区格局,分别为荃湾港区、东马港区、惠东港区。目前已建成生产性泊位39个,其中万吨级以上深水泊位18个(含30万吨级和15万吨级泊位各2个),总吞吐能力9691万吨。2012年,惠州港总吞吐量为7007万吨,其中海港货物吞吐量为5119万吨,河港吞吐量为1888万吨。

1. 荃湾港区

荃湾港区是惠州港的主要港区,是多功能综合性的港区,以承担大宗散货物资转运和集装箱运输为主,同时充分发挥水陆域条件和铁水联运等优势,为临港工业发展服务并大力拓展现代物流。荃湾港区规划37个泊位,年吞吐能力1亿吨;现有12个生产性泊位,年吞吐能力823万吨。

2. 东马港区

东马港区是惠州港的大型石化港区,包括东联作业区和马鞭洲作业区两部分。主要承担大亚湾石化区内生产企业的原材料及产成品装卸和广石化原油接卸服务,同时也为周边地区提供石化货物运输服务以及为海上石油钻井平台提供物资输送服务。东马港区规划49个泊位,年吞吐能力2.2亿吨;现有19个生产性泊位,年吞吐能力8040万吨。

3. 惠东港区

惠东港区包括碧甲作业区、港口作业区、亚婆角装卸点和盐洲装卸点。碧甲作业区主要有两大功能,其一为碧甲临港工业区提供港口配套服务,以承担临港工业所需的原料、能源等大宗散货接卸任务为主,兼顾煤炭、矿石等中转任务;其二为承担满足惠东等地经济发展所需货物装卸任务。

惠东港区规划21个泊位,年吞吐能力3000万吨;现有8个生产性泊位,年吞吐能力828万吨。惠东港区旅游岸线规划配套东部湾、巽寮湾、双月湾等游艇(旅游)码头。

二、惠州港发展态势分析

(一)惠州港的发展环境

惠州港身处竞争激烈的珠三角港口群,周边港口呈现出“三点一线”的分布态势,即围绕广州、深圳、香港这3个重要节点,珠三角其他港口作为这3个节点的补充沿着海岸线一线排开,主要依托以各地市辖范围为直接腹地,并相互争夺公路、铁路网所辐射的内陆地区腹地货源市场。

目前,广东省的主要沿海港口分为3个梯队:吞吐量1.5亿吨以上的广州、深圳、湛江港为第一梯队;吞吐量5000万~1.5亿吨的虎门、珠海、惠州港等为第二梯队;吞吐量5000万吨以下的潮州、茂名港等为第三梯队。这些港口间既有合作,更多的是竞争发展。根据“十二五”发展规划,惠州港到2015年全港实际吞吐量达1亿吨,由此踏入亿吨大港行列,到2017年,吞吐量将达到1.2亿吨左右,将跻身于广东港口第二梯队前列。为实现上述目标,惠州港按照“完善布局、整体推进、协调发展、实现跨越”的总要求,全力推进港口建设,促进全市社会经济转型发展。

(二)惠州港的发展短板

虽然惠州港经过了20多年的发展,但仍存在一些短板和不足,制约港口的发展:一是公用码头比例小,导致码头利用率偏低;二是港口集疏运体系亟待完善;三是沿海港口公用设施(航道、锚地、防波堤等)投入不足,公用配套设施滞后;四是引航服务设施不足;五是港口物流尚未形成规模;六是港口信息化水平有待提高。

(三)惠州港的比较优势

在国际金融危机余波影响下,需求不足导致国际国内港口经营市场形势日趋严峻的情况下,客户对运输价格的敏感性更高,更为挑剔。为提高效率,吸引货源,港口经营市场呈现出港口物流中心化,多式联运无缝衔接,船舶大型化等特点,这也正是挑战中所蕴含的机遇。通过分析国际国内及周边港口发展形势,结合自身特点,惠州港具有以下几个优势与机遇。

1. 交通发达

优越的地理位置和四通八达的交通网络是惠州市发展现代物流业的有利

条件——紧邻广州、深圳、东莞等珠三角经济核心区，是珠三角通往粤东、粤东北的门户。已建成京九铁路、惠大铁路和即将建成的厦深铁路构成的铁路主骨架，使惠州港成为京九铁路南端最近的出海口；惠州市高速公路总里程名列全省第二位，已建成的广惠高速、深汕高速、粤赣高速、惠盐高速、惠深沿海高速、惠莞高速和在建的惠大高速等将作为惠州的港口物流业发展提供快速便捷的通道。

2. 自然条件良好，潜力大

惠州港所处的大亚湾，具有深水岸线资源丰富的优势。大亚湾内岛屿众多，天然掩护条件好，无大河注入，泥沙来源少，水域宽阔，水深、浪小、淤积轻微，建港条件优良，是我国南方少有的天然深水良港。目前马鞭洲建成的码头可同时停泊 4 艘 15 万~30 万吨级大型油轮。惠州港目前仍处于发展初期，可开发岸线资源丰富，荃湾、东马、惠东港区的岸线开发率均不满 30%，未来可发展潜力较大。

3. 充足的货源支持

首先，惠州市本身经济发展产生约 300 万 TEU 的集装箱；其次是铁水联运，依托铁路中转运输，与内陆无水港连接，港口辐射范围可达上千公里，这两年电煤铁水联运，通达江西赣州吉安、湖南株洲和省内的河源、粤北等地。再是实施错位发展战略，大力发展大宗散杂货业务，通过建设适应大宗散货中转的航道、码头设施，珠三角的铁矿、粮食、木材、散化等都将在惠州港中转，荃湾港区主航道疏浚后，预计至 2015 年电煤中转量将超过 1000 万吨。最后是广深产业转移和惠州及周边地区经济快速发展，为惠州港口物流开拓更大的市场空间。

三、惠州港发展提速的对策措施

为解决上述瓶颈问题，发挥港口优势，加快港口发展，力促惠州尽快进入珠三角第二梯队，未来惠州港将采取如下措施：

（一）加快港口建设，做大港口吞吐能力

1. 规划先行，完善港口规划体系

在《惠州港总体规划》的基础上，编制各港区详细规划、惠州港物流发展规划、引航发展规划等，发布《惠州港港章》，形成完整的港口规划体系，指导港口建设和发展,使惠州港更科学合理有序地发展。

2. 加大投入,加快港口设施建设

一方面是加大企业投资,加快港口码头设施建设,重点推进"十二五"时期规划港口码头项目建设;实施错位发展战略,大力发展公用码头;继续支持临港工业项目配套码头建设,加快老旧码头的技术升级改造,进一步提高码头通过能力。另一方面是加大政府投入,加快港口公共设施建设,完善港口公共服务体系,要完善水上的航道、锚地和陆上的疏港公路、疏港铁路、供电、供水、消防等公用基础设施。另外要加强港口设施安保系统建设,完善港口生产安全监管体系,打造平安港口。

(二)扩大港口生产,做大港口吞吐量

1. 产业互动,促进产业港良性发展

港口是沿海产业的基础支撑。惠州港是典型的产业港,她的发展和环大亚湾新区密不可分,大亚湾沿海产业发展也离不开港口,加快环大亚湾新区建设,可实现沿海产业和港口生产比翼齐飞。

2. 区港联动,促进物流港健康发展

没有物流支撑的港口是没有灵魂的躯体。惠州市要利用宝贵的港口资源,大力推动区港联合发展,建设港口物流园区,发展临港加工贸易区,争取建设保税物流园区,使港口真正成为物流中心枢纽。

3. 铁水联运,扩大惠州港辐射范围

腹地有多大港口就有多大。惠州港要积极发展铁水联运,尽快对惠大铁路进行技术改造和复线建设,引进专业管理公司,提升铁路输运能力,将惠州港打造成为京九铁路南端最便捷出海口,与腹地城市联合组建内陆无水港,扩大惠州港的腹地,提升其影响力。

4. 科技兴港,打造信息化港口

科学技术是生产力。现代港口已走过装卸作业为主的第一代港口,作为物流转运的第二代港口,进入了信息化电子商务为特色的第三代港口。智慧型港口通过提升港口的生产效率、通关效率、商务效率和管理效率,扩大港口的覆盖范围和知名度,从而促进港口跨越式发展。

(本文发表于《中国港口》2013.7)

加快港口物流业发展的建议措施

港口物流是现代港口发展的灵魂和原动力。为促进惠州市港口物流发展，优化港口物流发展环境，着力提升惠州港物流服务水平和效率，促进惠州港发展，打造亿吨大港，力助惠州市尽快进入珠三角第二梯队，谨提出以下加快惠州市港口物流业发展的建议措施。

一、发展目标

转变惠州港发展方式，大力发展现代港口物流业，初步建成布局合理、信息畅通、快捷高效、节能环保、安全有序的现代港口物流体系，为惠州市尽快进入珠三角第二梯队助力。惠州港港口物流业发展目标为：

1. 到2015年，港口吞吐量达1亿吨，其中港口物流通过量（公用型码头吞吐量）1500万吨。

2. 到2017年，港口吞吐量1.2亿吨，其中港口物流通过量（公用型码头吞吐量）3000万吨。

3. 到2020年，港口吞吐量达1.5亿吨，其中港口物流通过量（公用型码头吞吐量）5000万吨。

二、主要思路

（一）总体策略

深入贯彻落实科学发展观，坚持"以港兴市、全面跨越"，按照港城联动、港航联动、港工联动、港贸联动的思路，依托惠州市港航优势和临港产业特色，以构筑大宗商品交易平台、海陆联动集疏运网络、金融和信息支撑体系"三位一体"的服务体系为中心，以做大做强现代港口物流业为主攻方向，以加快港口开发建设为重点，以建设物流园区和培育重点物流企业为依托，努力建设大港口、拓展大基地、发展大航运、培育大工贸、构建大交通、完善大配套，构建专业化、社会化、规模化的现代港口物流体系，把惠州港建设成为珠三角地区最便捷、最高效、最安全的物流中心。

(二)基本原则

1. 整合资源,集约发展。坚持统筹规划,把现代港口物流业发展作为资源开发的重要目标导向,充分发挥港口资源对现代物流业的支撑推动作用,加强资源整合和综合协调,合理规划建设港口码头、物流园区、海陆交通节点及集疏运体系,形成功能齐全、布局优化、集约节约的资源利用格局。

2. 政府主导,优先发展。充分发挥政府主导和推动作用,把加快发展现代港口物流业作为促进经济持续较快增长和转型升级的战略举措,重点扶持,优先发展。充分发挥大企业龙头作用,坚持市场化运作,促进现代港口物流业不断做大做强。

3. 强化辐射,联动发展。充分发挥港口的辐射带动作用,以港口开发为基础,以物流链条为纽带,实现港口与工业、贸易、园区开发联动,带动航运、商贸、临港工业和物流园区建设,促进现代化港口城市发展。

4. 营造特色,错位发展。充分发挥惠州港的大宗油品和大宗散杂货在珠三角地区的优势地位,与珠三角地区其他港口错位发展,积极发展加工、配送、贸易、信息等增值服务,在延伸产业链和价值链上下功夫。强化综合物流服务体系建设,打造珠三角地区重要的大宗散货物流交易平台。

三、主要任务

惠州港加快发展港口物流业,要从港口设施建设、物流园区建设、物流企业培育、物流市场管理、物流平台建设等五个方面着手,实现区港联动发展:

(一)加快港口设施建设

一方面是加大企业投资,加快港口码头设施建设,重点推进"十二五"时期规划港口码头项目建设;实施错位发展战略,大力发展公用码头;继续支持临港工业项目配套码头建设,加快老旧码头的技术升级改造,进一步提高码头通过能力。另一方面是加大政府投入,加快港口公共设施建设,加强港口公共服务体系建设,要加快建设水上的航道、锚地和陆上的疏港公路、疏港铁路、供电、供水、消防等公用基础设施,完善港口集疏运体系和支持保障系统。

(二)物流园区建设

加快建设临港物流园区,做好招商引资和开发工作,大力引进中转、配送、转口贸易等高端物流企业,引领惠州港口物流业整体发展;争取设立港口保税物流园区,积极推动“无水港”布点,扩大港口物流的辐射范围及拓展堆存、修箱、定舱平台等延伸功能建设,加快向综合物流园区转变,积聚物流市场主体。重点发展临港物流园区包括:金泽现代海港物流园、中储粮惠州港粮食物流中转库、荃湾粮油产业物流园、中海油终端产品交易基地等物流园区。争取设立荃湾港口综合保税物流园区,加快发展保税物流。

推进港航综合商务区建设。建设集涉外、金融、商务、信息、保险、代理、中介等为一体的港航综合商务区,吸引国内外航运企业、物流企业、涉港服务机构和企业进驻,打造具有惠州特色的港航“总部经济”,提高现代港口物流业综合服务水平。

推进船舶供油基地(华瀛燃料油调和配送中心)建设。结合港口开发建设和港航、船舶产业发展,大力推进船舶供油基础设施建设,拓展船舶供油业务,不断扩大船舶供油规模,提升服务发展水平,努力打造国内一流的船舶供油基地。

(三)加快大宗商品交易平台建设

大力引进大宗商品交易商。发挥惠州港在大宗散货处理方面的优势,依托港口物流园区建设,推进港贸联动,促进港口物流转型升级,向商贸型、综合型现代物流转变。以煤炭、矿砂、油品、粮食、液体化工等为重点,大力引进具有经营资质、市场网络、经营实力的大宗商品交易商,以大宗商品的配送与贸易为主要内容,以金融和信息为支撑,培育大宗商品交易中心,打造现代港口物流业的特色品牌,实现与周边港口的错位发展和特色发展。加快发展专业物流市场。适应临港产业发展对物流的需求,大力推进钢材、粮油加工、化工品等专业市场的改造和整合,加快建设若干各具特色并为惠州市主导产业、特色产业服务的专业物流市场。集聚发展产业大物流。利用惠州市产业发展优势,加强生产企业产业物流的剥离、整合、集聚发展,通过控股、参股、兼并、联合、合资、合作等多种形式进行资产重组,发展规模化产业大物流,为发展大宗商品交易创造条件。

(四)培育港口物流企业

1. 仓储型企业、综合型企业(第三方物流企业)

鼓励综合型第三方物流企业发展,尽快形成具有技术先进性,信息密集性,高附加值、产业关联度大的金融、保险、信息、技术、船货代理、船舶修造等配套的临港服务业，形成国际金融、保险服务、国际物流信息等配套产业高度发达的物流服务配套体系，形成完备的物流产业链条。

2. 联运型企业（集卡车队、铁路公司、运输船队）

通过资产、车辆、货源上的整合，重点扶植惠州中理外轮理货有限公司等一批规模大、信誉好的集卡企业，以健康的运输市场体系提升集卡行业的竞争力；鼓励传统货运企业走综合化、一体化发展之路，大力发展代为包装、代检、贴标签等增值服务，争创5A级物流企业；积极鼓励发展集装箱甩挂运输、双重运输，节约装卸时间，提高运输效率，降低物流成本。

利用惠大铁路，开拓并大力培育铁水联运物流市场主体。以市政府与广铁集团合作框架协议为基础，深化港口企业与铁路企业合作进程，充分利用惠大铁路的运输能力和铁路进港线货场的装车线，发挥港口搭平台、合资公司揽货源、铁路做承运的分工优势，为大宗散杂货运输提供快速的通道，将铁水联运业务拓展到中西部地区。

3. 运输代理企业（货代和船代）

积极鼓励惠州本地大型货代企业走出去，在异地建立经营网络和分支机构，重点开拓粤东、江西等京九铁路沿线腹地市场；推动中外运、中远等龙头货代企业实行服务延伸战略，完成“门到门”的全程式服务和增值服务；提升骨干船公司在惠州港分支机构的等级，争取多设立区域型总部，将办事处升级为分公司，以便在航线开辟、舱位预留、运价制定等方面获得主动权，增强在指定港运输中的话语权。

（五）加强港口物流业的市场管理

规范港口物流市场的准入条件，整顿和规范港口物流市场秩序，制止不正当竞争、限制竞争及其他违法行为。充分发挥惠州物流协会作为物流行业与政府部门之间的重要桥梁和纽带作用，规范行业操作，维护行业合法权益，对行业内企业进行协调，对缺乏竞争力、分散社会资源的个体或小企业进行必要的准入门槛限制，以集中资源和优势发展龙头骨干企业，重点加快培育第三方物流企业，引进国内外知名物流企业，并避免企业间恶性竞争。惠州物流协会要按照国家已有标准，制订适合惠州港口物流发展需求的行业管理规范与技术标准，建立港口物流技术标准体系，推进信息技术标准化和物流信息分类编码技术的发展，以保障港口物流信息平台在高效、统一、有序的环境下正常运行。

加强惠州港口物流市场主体之间、各类企业间、企业与协会、协会与协会、协会与政府间的信息沟通和交流。相关政府部门要及时掌握行业的动态，主动帮助企业解决政策环境、人力资源、信用担保、优惠待遇等问题。做好港口物流企业星级评定申报工作，规范物流市场主体的发展。

（六）构建港口物流信息平台

加快建设以信息技术为核心，以公共物流信息平台为支撑，符合港口功能需求的物流信息系统，集中处理港口物流网络中各节点的信息流交换，全方位地满足其市场先行的需求，重点是建立完善的惠州港口物流信息协同平台，打造智慧港口。

港口物流信息协同平台是惠州港口物流信息系统的公共服务部分和建设重点，也是近期推动港口物流信息化的重要抓手。惠州港口物流信息协同平台将建立覆盖港区、港口物流园区生产流通和仓储中转物流企业的信息网络平台，重点支持建设港口物流信息、陆路运输信息、物流资源交易和面向中小企业的公共信息服务平台，实现公共物流信息与惠州够快物流网、南方物联网示范工程"物联网物流公共信息平台"等物流信息平台、电子口岸的整合和互联互通。平台充分整合港航、口岸、贸易等方面的信息化资源，以提高港口物流整体运作效率为目标，构建涵盖电子政务、电子商务等在内的物流信息平台，有效提供港航业务信息、综合物流信息、政务信息以及其他相关信息，有力支撑惠州"双港"发展战略，并促进惠州港发展成为全市重要物流信息中心。

四、扶持政策

（一）财政政策

整合现有的出自港口企业的税收和港区土地开发收益和港口规费等，加上每年安排一定的财政资金，建立市、区两级港口发展专项资金，主要用于港口公共基础设施的建设维护、引航服务基地建设、扶持航运产业发展、大宗物流项目引进、港口物流园区建设、港口及物流龙头企业培育、港航联动拓展、物流服务体系创建、公共物流信息协同平台建设。制定港口发展专项资金管理办法，切实强化绩效评估，更好地发挥专项资金的作用。

采取贴息、补助、奖励等方式给予港口和物流企业财政支持，用于支持港口公用基础设施(包括进港航道、锚地等)建设、港口物流园区示范项目建设等项目。

积极争取交通运输部和省交通、经信等部门扶持政策,如交通运输部车购税资金补助货运枢纽(物流园区),重点扶持港口物流设施(物流园区、物流中心或无水港)发展。

(二)金融政策

1. 鼓励物流企业运用多种渠道融资,支持有条件的重点物流企业,通过发行股票、债券募集资金,或通过项目融资及进入投资基金市场、企业产权交易市场等渠道筹措资金。积极发展融资租赁业务,支持现代港口物流发展。鼓励民间资本参与现代港口物流项目建设。

2. 金融机构要加大对物流业发展的支持力度,对港口开发项目、航运企业大型化规模化发展、物流园区建设和物流企业上规模上水平等,在融资信贷上要给予适当倾斜。对符合条件的物流企业要积极开办"仓单质押"贷款、应收帐款质押贷款、海域使用权抵押贷款等业务。鼓励金融企业开发适应第三、第四方物流发展需要的金融产品,促进第三、第四方物流市场发展。

3. 支持海运、物流等企业通过"中小企业集合票据"等形式创新融资方式,解决融资困难。对参与票据发行的企业,政府通过创建风险偿债基金、安排贴息等方式给予支持。

4. 积极发展小额贷款担保公司,完善贷款担保体系,鼓励各类担保公司向航运、物流业倾斜,推动政策性担保公司为中小航运、物流企业提供短期资金贷款担保,鼓励民营担保公司为航运、物流企业提供信贷担保。

(三)税收政策

借助营业税改增值税试点契机,积极清理港口物流企业税费构成,避免重复征税,并在配套措施上切实减轻港口物流企业的负担,采取一些过渡性财政扶持政策(如补贴的方式),允许物流企业将融资费用全部列入财务费用以及允许税前还贷。积极促进相关企业经营方式转型升级,将无法取得进项税额的项目调整为服务外包的方式。

物流企业从事国家重点扶持的公共基础设施项目投资经营所得,自项目取得第一笔生产经营收入所属纳税年度起,第一年至第三年免征企业所得税,第四年至第六年减半征收企业所得税。物流企业为开发新技术、新产品、新工艺等发生的研究开发费用可享受企业所得税前加计扣除的优惠政策。

(四)土地政策

将港口建设用地纳入土地利用总体规划,优先保证港口重点工程建设用地。实施港口建设用地、后方区港联动发展区(物流发展用地)的土地使用优惠政策。凡符合《划拨用地目录》的港口基础设施项目用地,经批准以划拨方式取得土地使用权;非基础设施项目用地,经批准可减免土地使用规费。与港口建设和港口工业相配套的物流园区建设用地,按照国家相关法规的规定进行供地。

给予港口物流园区用地指标适度倾斜,对港口物流用地实行与工业同等地价优惠;对园区公用配套设施、项目用地建设设施减免配套费政策;物流用地土地出让金经批准可一定程度减收或分期缴交等;实施土地费用返还投入公共基础设施建设。

(五)口岸政策

积极推进电子口岸的建设,进一步改善通关和查验监管条件,推行科学、便捷的电子预申报方式,规范口岸联检单位执法,以提高口岸通关效率为目标,简化货物进出仓审批流程,优化口岸通关流程,并合理增设港口物流园区的保税仓库和监管仓库,供货主及物流企业使用。海关、海事、检验检疫等部门要进一步完善口岸"大通关"模式,实现全天候一站式通关,落实 24 小时通关制度,重点对鲜活、易腐及急需验放的进出口货物实行"全天候、24 小时预约加班"和"5+2"业务加班+值班工作制,切实提高通关效率。银行、税务等相关机构要适应全天候通关的需要,延长服务时间,开展网上纳税、网上付费;推进多式联运,集中审单、属地接放,全面提升口岸整体服务功能。

(六)人才政策

1. 物流企业引进高级物流人才,尤其是引进著名院校物流专业博士或大型跨国物流公司部门总监以上高端人才,可优先享受市里统一出台的人才引进优惠政策。

2. 鼓励国内著名的高校和培训机构在本市设立培训点,对培训企业的培训收入地方留成部分给予返还,在设立初期一次性提供一定的市场开拓费。

3. 鼓励国内外物流咨询公司、研究院所在惠州设立咨询公司,享受创意园区企业优惠政策。

五、保障措施

(一)完善组织机制,成立港口物流行业管理协调机构

依托惠州市港口建设发展领导小组,成立港口物流行业管理协调机构,港务、交通、发改、财政、口岸、海关、国检、边检、海事、国税、地税、外经贸等部门派人参与,负责研究、制定加快惠州港口物流发展的相关政策,协调解决港口物流发展的重大问题。该机构每季度组织一次港口物流发展联席会议,议题主要包括组织制定促进惠州港口物流和临港产业联动发展相关政策。负责与港口、物流企业进行定期座谈,摸清市场需求,反馈到惠州市港口建设发展领导小组会议或者市政府常务会议上,协调拟定重大合作项目事项。

(二)科学编制港口物流业发展规划

根据现代港口物流业发展方向和功能定位,结合城市总体规划、土地利用总体规划以及产业布局、商贸网络、综合交通规划,科学编制全市港口物流业发展规划,明确发展的区域布局、功能定位和重点项目,为惠州市港口物流业发展提供具体的规划指导。规划确定的重点物流基地或园区,要编制详细的建设规划和实施方案,有序推进开发和建设。

(三)加强物流人才教育与培训

做好物流人才的教育、培训与引进工作,贯彻专门人才培养和在职人员培训相结合的原则,在惠州学院、惠州经济职业技术学院、惠州外贸学校等大中专院校均开设现代物流管理专业,大力培养实践型、技术型、复合型人才,物流人才的培养应逐步规范化、系统化、计划化。利用深莞惠区域交通运输一体化的契机,加强人才、技术在各港口之间的交流与合作,通过建立人才无障碍交流、流通机制,以及定期培训、异地管理、轮换经营等机制,实现港口之间人才、技术的顺畅流通。完善人才引进的激励机制,优化人才环境,为成功留住高素质,高技能的高端人才提供有力保障,打造高素质的人才队伍。

(四)涉港部门共同支持港口物流业发展

全市各有关部门和港口所在县区政府要进一步统一认识,增强加快港口物流业发展的责任感,顾全大局,服从整体,主动为港口发展开绿灯、做贡献。要明确任务和责任,狠抓政策和措施的落实。凡属职能范围内的工作,要各负其责。涉及几个部门的,要主动配合,加强协调,形成支持港口物流业发展的合

力。积极参与珠三角港口一体化，进一步做好港口周边区域与港口在规划上的衔接，重大问题要相互沟通，建立协商机制，不断改善港口外部环境。

（五）建立有效的监督与奖罚机制

市政府督查办要加强定期检查和督办，对贯彻落实不到位、工作不得力的部门和单位要及时督查，限期整改。对港口物流业发展中的重大问题，积极主动听取市人大代表、市政协委员的意见和建议，接受监督。广泛听取港口相关企业及客户对港口服务的意见，认真加以改进，推动相关政策措施的落实。

（本文成稿于 2013 年 12 月 3 日）

惠州港发展的历史反思与未来思考

惠州港所在大亚湾是华南地区建港自然条件最好的港湾之一,具有优越的建港自然条件:岛屿多、掩护好、风浪小、潮差弱、回淤少、水域深、陆域宽、宜港岸线长。惠州港外围有高速公路、铁路等组成的便捷疏港交通网,因此惠州港具有发展大型综合性港口的基础条件,有着巨大的发展前景。

以荃湾港区为代表的惠州港自20世纪90年代初开始开发建设,1992年底开港运营,至今已经历20多年,建成各类生产泊位40个,其中万吨级以上深水泊位19个,包括30万吨级和15万吨级油品泊位各2个,全港总吞吐能力超亿吨,港口发展取得令人瞩目的成果。

目前,惠州港是以为大亚湾沿海临港产业服务为主的港口,是比较典型的产业港。从码头数量及其能力上看,全港公用码头泊位17个,设计吞吐能力1633万吨,仅占全港总吞吐能力的16.3%;企业专用码头泊位23个,设计吞吐能力8378万吨,占全港总吞吐能力的83.7%。从实际完成吞吐量看,2013年企业专用码头完成吞吐量4005.76万吨,占总吞吐量的83.92%,公用码头完成767.71万吨,占总吞吐量的16.08%。

一、惠州港发展历史的反思

大港口大工业,惠州港在引导产业布局与发展方面取得令人瞩目的成果,但在发展港口物流方面相对滞后,主要不足:一是公用码头偏少,二是固定航线偏少,三是港口配套的物流园区尚未完善,四是疏港集疏运体系和支持保障系统亟待完善。究其原因主要有:

(一)政府在港口建设和发展中参与程度不足

以前,惠州在港口发展认识上有一个误区就是过于市场化,认为港口建设和运营是市场的事,政府无须参与。实际上,从国内外所有成功港口的发展经验看,港口的建设和发展都离不开政府的作用,普遍采取政府搭台、企业唱戏的模式。政府不搭台,一切由企业自生自灭,“以港兴城、港城共荣”这场好戏是没办法唱，更没办法唱下去的。

毕竟企业的出发点是以自身经济利益最大化为目的，企业只愿为自己范围部分投资，至于公益性基础设施如航道、防波堤等部分，几乎没有企业愿意无偿投入，导致港口公用设施部分滞后，成为制约港口发展的瓶颈。

“以港兴城、港城共荣”的愿景，体现在港口企业得到盈利和发展，但实际上最大的受益者还是政府。港口发展改善港口所在地区的社会经济发展整体环境，带动该地区社会经济全面发展，通过提高港口所在地区的经济地位，也会提升该地区的政治地位。

政府在港口建设和发展中，主要负责几件事：一是做好港口规划体系，严格依规管理，宝贵的港口资源建设与保护并重，让港口建设和发展科学有效地依规进行，确保港口可持续发展。二是负责港口公用基础设施的投资建设和维护管理，为港口发展搭建平台。三是做好港口资源管理，最大限度地挖掘和利用港口资源，将港口资源转换为港口发展资金，将资金转换为港口发展的资本。四是对港口建设和运营进行行政管理，在项目立项、建设审批、运营管理、口岸服务等方面提供良好的政策环境。

(二)缺乏有实力有经验的运营主体

港口码头项目与高速公路项目虽然都是经营性的交通基础设施项目，但是两类不同性质的项目，通过科学规划和合理布局，高速公路项目经营的竞争性并不强，可是港口码头经营竞争性是非常强的。

高速公路项目参与者主要是两位，即需要投资者和建设者，对经营者要求不高，无须太多的营销经验。在遵守行业规范和准则的前提下，高速公路的经济效益不会因为经营者的经验多少而产生明显差距，因此高速公路项目的经营者往往就是投资者。而港口码头项目参与者是三位，缺一不可，需要投资者和建设者，更需要经营者。码头项目对经营者的要求很高，同一个码头项目，不同的经营者产生的经营效益绝然不同。经验和实力、软件和硬件设施、网络和客户等因素决定经营者的品牌。码头设施及远洋船队是经营者的硬件基础，信息化是经营者现代化管理的标志，经营者需要实施全球化战略来发展网络和客户，经验和实力是经营者历史沉淀的底蕴，这些都是港口竞争力的根本保障。

就惠州港而言，目前作为全港公用码头发展主力的惠州港务集团一缺资金、二缺人才、三缺网络，发展港口业务举步维艰。惠州港前期引进的合作伙伴光大集团，因为缺乏港口经营必要的经验、网络和客户，也就没有做强做大惠州港的实力。

二、惠州港未来发展的思考

（一）抓住21世纪海上丝绸之路战略机遇，引导惠州港发展

港口发展定位决定港口发展的前景和能力。港口腹地越大，竞争力越强，发展潜力越大。惠州港的服务腹地范围不能局限于惠州市域范围，更不能仅局限于大亚湾区。应该跳出惠州市域的局限，站在全省乃至全国的角度来谋划惠州港发展，为区域经济发展服务，才能做大做强港口。

港口的发展必须与国家和省的战略紧密结合，争取国家和省的政策支持，才能得到良好的发展空间和软环境。目前国家提出"一带一路"的发展战略，对惠州港来说是难得的发展机遇，我们一定要积极主动作为，紧紧抓住机遇，打好参与建设21世纪海上丝绸之路这张牌，促进惠州港发展。

采取错位发展策略，利用惠州港独特优势，积极承接珠三角港口产业转移，发展为珠三角乃至华南地区服务的大宗散杂货集散中心。在此同时，积极发展集装箱业务，把惠州港发展成为现代化的大型综合性港口，成为环大亚湾新区建设的亮点，为惠州市尽快进入珠三角第二梯队增添强大动力。

（二）加快港口基础设施建设，做大港口能力

惠州港要积极参与21世纪海上丝绸之路建设，首先必须扩大港口规模，提升港口的吞吐能力。惠州港要着重发展公用码头，建设物流型港口。从惠州港的三大港口布局来看，东马港区是为大亚湾滨海工业服务的货主码头港区，惠东港区由于集疏运系统和后方支撑难以形成气候，能够参与21世纪海上丝绸之路建设的唯有为公共服务的荃湾港区。惠州市要加快荃湾港区纯洲作业区的开发，结合荃湾主航道的进一步扩宽浚深，利用疏浚物回填造陆，形成纯洲作业区陆域。创新港口建设投融资模式，引进大型港口建设和经营专业机构，加快纯洲作业区整体开发，建设公用型码头泊位，为打造21世纪海上丝绸之路桥头堡奠定坚实的硬件基础。

根据规划，纯洲作业区可建设1万~15万吨级码头泊位30个，散杂货吞吐能力1.2亿吨，集装箱吞吐能力600万TEU，估计总投资350亿元。目前正在建设荃湾煤炭码头一期工程2个7万吨泊位（结构按15万吨级预留），投资25亿元，吞吐能力1500万吨；该项目二期工程增加建设1个15万吨泊位，投资15亿元，新增吞吐能力1500万吨。接着加快开发纯洲作业区的其余泊位27个，预计总投资310亿元。

要加快建设完善惠州港的航道锚地系统、引航服务、通讯导航、海难救助、消防灭火、水电保障等支持保障系统,打造绿色、平安港口。

(三)物流园区发展,支撑港口发展

以往人们以为发展港口很简单,将港口建设等同于港口码头设施建设,没有配套建设后方的物流园区和加工增值服务区,造成码头利用率不高。码头与后方物流园区的关系,就像一辆货车,码头是车头,后方物流园区是货箱,没有货箱仅一个裸车头,是不完整的货车,不能形成运输能力。对一辆货柜车来说,车头货箱两者缺一不可,对港口来说,码头和物流园区应当配套,实际上港口的效益更大地体现在物流园区上。同时,港口物流园区可为港口吸引和汇集更多的货源,完善和发展港口功能,是港口发展的强大后盾。

(四)采取地主港模式,整合港口资源

港口物流发展是系统工程,讲究规模效应。正如上面分析,惠州港物流发展缓慢的重要原因是没有真正引进有经验有网络、有实力重实干的经营者来经营运作,惠州港20多年的发展就像踩着香蕉皮,滑到哪里算到哪里,良好的港口资源没能充分发挥作用。

惠州港非常有必要转换思维,按地主港发展模式,整合港口资源,政府和原有业主作为投资者(或称港口东家),引进有经验有网络的经营者,如马士基、中远、中海运、中外运等国内国际航运大企业进驻惠州港,采取委托经营或者合作建设经营等方式,实实在在把港口物流真正运作起来。

(五)加快培养港口建设和经营人才

港口建设和发展主要靠人才推进,离开人才,港口发展只是一句空谈。港口行业是交通运输行业里的一个分支专业,从全国范围上看,每年毕业生较少,同时港口行业又是一个涉及面很广的专业,港口管理人才的素养需要一定工作经验和时间的历练。

惠州港与其他先进港口相比,最缺乏的就是人才。惠州港的港口专业人才短缺,远不能满足目前港口的建设和发展需要,惠州市非常有必要在政府和码头企业两个层面,大量引进和培养港口规划、运营和管理方面的人才,促进惠州港口可持续发展。

(本文成稿于2014年8月)

三　21世纪海上丝绸之路桥头堡

惠州港打造21世纪海上丝绸之路桥头堡的建议

2013年惠州港完成吞吐量8035万吨，同比2010年的4534万吨，增长近1倍，正在大步向市委、市政府既定的"亿吨大港"建设目标迈进。预计到2015年将完成既定目标，但"大港"不等于"强港"，如何将惠州港实现从"产业型"大港转型升级为"物流型"强港，是惠州港现阶段需面临的课题，是港口管理部门、港口从业者等责无旁贷的责任。本文依据国内外发展形势，结合惠州港实际，就如何抓住国家和省的发展战略做大做强惠州港，将惠州港打造成为21世纪海上丝绸之路桥头堡，更好地促进全市经济又好又快发展，力助惠州尽快进入珠三角第二梯队，谈几点建议。

一、背景

2013年9月，中共中央总书记、国家主席、中央军委主席习近平在哈萨克斯坦提出共同建设有望惠及近30亿人的"丝绸之路经济带"的战略；同年10月，提出同东盟国家共同建设21世纪海上丝绸之路的构想，并提出"以点带面，从线到片，逐步形成区域合作"的实施策略。党的十八届三中全会决定"推进丝绸之路经济带、海上丝绸之路建设，形成全方位开放新格局"。国务院总理李克强在2014年全国两会上所作国务院工作报告中亦提出"抓紧规划建设丝绸之路经济带、21世纪海上丝绸之路，推进孟中印缅、中巴经济走廊建设，推出一批重大支撑项目，加快基础设施互联互通，拓展国际经济基础合作新空间。"

21世纪海上丝绸之路的战略构想，立足国家战略层面，通过"整合资源、开拓创新、建立通道、拓展市场、实施共建"，依托现有海洋资源和物流通道优势，全面促进对外贸易和文化交流合作，实现经济新一轮的发展。

2014年是全面贯彻落实党的十八届三中全会精神、全面深化改革的第一年，是完成"十二五"规划目标任务的关键一年。广东、广西、福建等南部沿海各省针对21世纪海上丝绸之路战略，都积极响应并提出了相应的措施。

在2014年《广东省省政府工作报告》提出,“积极参与21世纪海上丝绸之路和中国—东盟自贸区升级版建设”。全省沿海各市积极响应参与21世纪海上丝绸之路的建设,都希望在这个国家战略中寻求发展机遇,分享一杯羹,促进当地经济和社会发展。惠州市也要紧紧抓住这个国家战略的发展机遇,进一步加快港口发展,力争把惠州港建设成为21世纪海上丝绸之路桥头堡,力促惠州市尽快进入珠三角第二梯队。

二、惠州港(以下均特指海港)的发展形势

(一)惠州港的发展概况

惠州市是珠江三角洲的东大门,素有“粤东重镇”、“粤东门户”之称。惠州市毗邻港澳,面对东南亚,是港、澳、珠三角通往我国东南沿海地区的要冲,同时也是华南地区通往国际的便捷门户之一。改革开放以来,随着珠三角地区的经济和社会快速发展,惠州市在电子信息产业、石油化工产业等大项目的带动,人流、物流交往更加频繁,客、货运量逐年上升。惠州市综合交通基础设施不断得到完善,交通区位优势和交通枢纽作用越来越显得重要。

惠州港于1993年获批准为一类口岸,惠州港的外贸吞吐量占整个港区吞吐量的比重较高,且各分港区均有进出口外贸货运量。目前在澳头、东联、碧甲及港口镇等地均设有专门的海关、商检、动植物检验及卫生检验等口岸大楼。

惠州港规划了3大沿海港区(荃湾、东马、惠东),其中荃湾港区从西到东分为荃湾、纯洲和鸡心岛等3大作业区;东马港区包括东联作业区和马鞭洲作业区两部分;惠东港区包括碧甲作业区、港口作业区、亚婆角装卸点和盐洲装卸点。至2013年底,惠州港拥有码头泊位36个,万吨级以上深水泊位19个,其中30万吨级2个,15万吨级2个,吞吐能力超亿吨(10011万吨)。目前,惠州港是珠三角港口群中唯一拥有30万吨级深水泊位的港口,是我国超大型泊位最密集的港区之一。

(二)惠州港发展的内外部条件

惠州港是珠三角港口群的重要组成部分。广东省拥有大陆海岸线3368公里,岛屿岸线2429公里,是我国岸线资源最丰富的省份之一,依据交通运输部和省人民政府颁布的广东省沿海港口布局规划,全省共有14个沿海港口,目前

已初步形成了以广州港、深圳港、湛江港、珠海港、汕头港等5个主要港口为主，其他地区性重要港口和一般港口为重要补充的分层次港口布局。广州港和深圳港同为国家主要港口，发展层次最高，惠州港和东莞虎门港同属地区性重要港口。从发展层次看，惠州港在省里的定位仅处于中游。

世界主要港口的发展趋势主要有两种：一是通过系统优化、资源整合以及技术改造，提高现有资源的利用效率和港口生产效率；二是通过开辟大型深水港区，建设新的大型专业化泊位，适应船舶大型化，满足吞吐量的持续增长。

目前广州港正在全力打造世界级的综合性枢纽大港。深圳港、东莞虎门港和惠州港，地理位置毗邻，同处珠三角东岸，作为珠三角沿海港口群的重要组成部分，现状港口主要承担区域集装箱、石油、金属矿石、粮食等大宗物资的运输任务，已形成了以深圳港为龙头，东莞虎门港和惠州港为辅的分层次格局。深圳港正处于港口功能的优化升级阶段，已启动西部港区提升优化的发展目标，启动东部港区扩能升级。东莞已于2010年将港口物流发展定位为市委、市政府的重要中心工作，出台了一些包括港口资源整合、政策扶持等一系列工作措施，近几年已取得了显著成效。

(三)惠州港发展的发展战略

近几年来，惠州市委、市政府高度重视惠州港发展，提出尽快进入珠三角第二梯队的发展目标，建设环大亚湾新区，实施“双港”(海港和空港)发展战略，高起点谋划、高标准建设海港经济，全力打造亿吨大港，海港经济将成为惠州市经济新的增长点。

市委、市政府提出要从全国乃至亚太地区范围来谋划惠州港的发展，要把惠州港发展成为物流型港口，实施“三步走”战略。第一步，“起步突破”阶段，依托产业建设港口，实现惠州港“零”的突破，这一步已经实现；第二步，“完善整合”阶段，加快港口建设，争取用5年左右的时间，迈进亿吨大港行列；第三步，“全面提升”阶段，增强港口综合竞争力，争取再用10年左右的时间建成国家级主要港口，实现《纲要》提出的与广州港、深圳港一道，共同构建亚太地区最开放、最便捷、最高效、最安全的物流中心。

随着“双港”发展战略的实施，惠州港的发展步伐将大大加快，港口的功能作用和发展地位将进一步提升，第二步发展战略预计将提前2年实现。惠州港发展成为21世纪海上丝绸之路桥头堡是可能的，也是必要的。

三、惠州港的有利条件

(一)交通区位非常重要,运输枢纽作用凸显

从自然地理来看,惠州东靠汕尾,西邻广州、东莞,南接深圳,北连韶关、河源。惠州西距广州市区140公里,南至深圳市区80公里,水路距香港47海里,是广东省除深圳外离香港最近的城市。从古代交通史来看,闽西、赣南一带的食盐,大都从循州(惠州)、梅州、潮州等地贩运而来,可见古时惠州的交通运输已甚为繁忙。惠州作为粤东的交通重镇时日已久,惠州控制粤东咽喉,地位重要,历来是兵家必争之地。

惠州港位于华南沿海经济中心的珠三角东部,背靠珠三角、泛珠三角等广阔腹地,地处以香港为核心的远东航运中心地带,依傍国家环球和环太平洋航线,是华南沿海便捷的海上门户,是京九铁路南端最便捷的出海口。

(二)发展潜力大,量能稳步提升

惠州港所处的大亚湾是华南地区难得的天然深水良港,具有优越的建港自然条件:岛屿多、掩护好、风浪小、潮差弱、回淤少、水域深、陆域宽、宜港岸线长。惠州市的海岸线全长281.4公里,跨越大亚湾和红海湾,岸线资源丰富,规划建设港口岸线57.9公里,可用于开发的海岛岸线18.2公里,预计至2030年可形成港口总规模107个泊位,其中深水泊位55个,总吞吐能力3.5亿吨,其中集装箱吞吐能力373万TEU。已建成25万吨级(以后将拓为30万吨级)高等级航道。可见,惠州港具有巨大的发展潜力和发展空间。

“十二五”期,惠州港将进一步新建或改扩建码头及进港航道,其中续建或新开工建设15个港口航道项目。“十二五”期,港口航道项目总计投资约117亿元,新增吞吐能力6000万吨(其中集装箱88万TEU)。预计2015年港口吞吐量将达1亿吨,将按期完成“亿吨大港”建设目标。

(三)经济腹地广阔,对区域经济社会发展影响大

惠州港的腹地包括直接腹地为惠州市,间接腹地为河源市、珠三角地区以及江西、湖南等京九铁路沿线地区。近年来,惠州港腹地经济快速发展,给惠州港带来巨大的发展前景。

(四)惠州港完善珠三角港口功能,填补珠三角港口群结构性不足

珠三角地区是我国乃至全球港口运输最为发达、最为繁忙的地区之一。改

革开放以来,随着区域经济和对外贸易的发展,珠三角地区沿海港口运输呈现持续较快增长的总体发展趋势。目前,珠三角地区已经形成了以香港为国际航运中心,以广州港、深圳港等为主要港口,其他沿海港口为辅助港口的总体发展格局。现状珠三角地区沿海港口运输以集装箱货物为主,并在区域大宗能源、原材料物资调入中发挥了重要作用。其中,港口集装箱运输形成了以香港国际航运中心为核心,深圳港和广州港为干线港,其他港口为支线港或喂给港的发展格局;大宗能源、原材料运输形成了以广州港为主要接卸和中转港。

但珠三角沿海港口也存在一些结构性不足,现有干散货码头设施能力不足,如专业化矿石、粮食泊位通过能力不足,现状大量矿石和粮食利用通用泊位接卸,专业化水平低的同时,远未实现港区作业货类黑白分家和规模化、集约化发展的目标。码头泊位等级低,在陆域纵深、仓储、集疏运条件方面,已经不能适应当前的发展趋势。

珠三角核心地区港口的宜港岸线资源不足问题也正逐步显现;随着城市化发展,港城相互交叉重叠,港口与城市在土地、交通、环境等方面的矛盾日益突出,珠三角核心区港口功能转移将是珠三角产业转移的重要内容和历史必然。

惠州港具有岸线、土地、水域等方面的比较优势,特别是发展30万吨级等超大型泊位方面优势明显,是珠三角核心区港口功能转移的主要承接地。惠州港将重点发展煤炭、石油化工、铁矿石、粮食等专业码头,成为为煤炭、石油化工、铁矿石、粮食等国家战略物资和外贸集装箱运输服务的港口。通过实施错位发展战略,惠州港在发展石油化工、煤炭等大宗干散货和件杂货、集装箱运输等方面将增强珠三角港口群功能,填补结构性能力的不足,推进珠三角港口一体化,提升珠三角港口群的整体能力。

(五)完善的集疏运通道,带来广阔的经济腹地

珠三角港口群中普遍存在港口集疏运系统能力不足、衔接不畅等问题,已经成为当前制约珠三角港口发展的突出问题。具体表现在铁路集疏运系统能力不足,大量宜铁路集疏运的货物弃铁路走公路,超限超载严重;公路集疏运系统缺少货运专用通道,且存在外部“断头路”;公路集疏运交通与城市交通相互干扰,港口公路集疏运通而不畅等。

而经过20多年发展,惠州港已基本具备较为完善的港口集疏运体系。惠州市具备水路、铁路、公路、管道和航空等综合交通运输体系,集疏运体系完善。

惠州港通过完善的港口集疏运体系，腹地范围已扩展到珠三角地区、粤东北地区以及江西、湖南、湖北等泛珠三角地区。

铁路方面。惠州市境内的铁路营运里程为 207.6 公里（京九铁路 88.9 公里，惠大铁路及专用线 60.5 公里，厦深高铁 58.2 公里）。国家南北主干线京九铁路在惠州蜿蜒而过，惠大铁路直达港区，实现“铁水联运”，惠州港是京九铁路在华南地区最便捷的出海口。2013 年底新建成的厦深高铁将惠州带入高铁时代。筹建中的广州至汕尾铁路将成为惠州的又一条铁路主干线。惠州市正与广铁集团合作打造广东省的铁水联运示范港，拟将惠州港建设成为京九铁路南端最便捷的出海口。

公路方面。截至 2013 年底，惠州市境内公路通车里程 11233.9 公里，通车里程公路密度为 100.7 公里/百平方公里，其中高速公路 492.4 公里，一级公路 316.7 公里，二级公路 755.7 公里，三级及以下公路 9669.1 公里，全市 100% 乡镇和行政村公路硬底化。惠州市普通公路均没有设置收费站。

广东省规划的“九纵五横二环”高速公路网中有 11 条高速公路（含加密联络线）途经惠州市。目前，惠州市正在加快高速公路建设，在建的新改建高速公路 7 条，另有 5 条高速公路在筹建中；至 2020 年将建成“七横五纵一联”高速公路网，总里程达 1030 公里，高速公路密度达到发达国家水平，为惠州港提供了快速畅通的对外交通渠道。由这些高等级公路为主骨架组成快速便捷的疏港公路网，将惠州港的服务范围扩展到整个华南地区。

管道运输。惠州港现有疏港原油管道直达广石化，成品油管道直通东莞等珠三角地区；未来，惠州港将通过管道运输辐射整个珠三角地区以及河源、梅州等粤东北地区。

惠州机场位于惠州市惠阳区平潭镇，距市中心约 20 公里，距惠州港 50 公里。目前，正由惠州市政府与广东省机场管理集团公司合作将惠州机场按照 4D 标准改造成为珠三角东岸的一个重要机场，并成立了惠州机场有限公司，共同推进惠州军民合用机场运营与发展，计划 2014 年复航民用航空。

综上分析，从惠州港的交通区位重要性、量能发展潜力和经济社会影响面来看，惠州港位于水运主通道、公路主骨架、铁路主干线等交汇处，有较强的对内、对外两个扇面的辐射作用；处于珠三角经济区，依托的城市惠州市是珠三角区域性中心城市；是为煤炭、石油、铁矿石、粮食等国家战略物资和外贸集装箱运输服务的港口;惠州港具有巨大的发展潜力、发展空间和较强的自我发展能力。因此,惠州港具备成为21世纪海上丝绸之路桥头堡的客观基础条件。

四、存在的问题和不足

要成为21世纪海上丝绸之路桥头堡,港口必须是联系对内对外两个扇面大进大出的窗口,具备为广大腹地经济全面发展服务的能力。这决定了港口应当是以公共服务为主的物流型港口,对比这个要求,惠州港存在如下不足:

(一)缺乏“公用型—专业化”的大型港区

目前惠州港最明显的特征是产业港,为临港工业配套的货主专用码头占主导地位,原油及制品的港口,已形成了专业化的大型港口,但是“公用型—专业化”大型的散货、集装箱港区尚未形成。荃湾半岛,经过20多年的发展,已形成一定规模,但是存在泊位功能混杂、业主多样化、港区陆域扩展难、土地权属复杂等诸多难题,尚未形成、也难以构建大型港区。首先,从港区布局看,东马港区、惠东港区的建设主体是华德、壳牌、中海油、粤电力等大型企业。其次,从码头数量上看,公用码头19个泊位,设计吞吐能力800万吨,仅占全港总吞吐能力的8.9%。第三,从实际吞吐量看,2013年公用码头完成1064万吨,仅占总吞吐量的22.7%。

(二)港口配套的物流园区尚未完善

惠州港目前还没有真正成规模上档次的配套物流园区,港区后方土地未有得到应有的开发,没有配套建设港口物流园区为港口提供强有力的支撑,港口综合服务难以上台阶,使港口前方的公用码头成了无源之渠,断断续续,难以维持健康发展势头。

(三)疏港集疏运体系和支持保障系统亟待完善

虽然近年来惠州市港口的综合交通集疏运体系骨架得到很大发展,但各个港区仍存在“最后一公里”问题,制约了惠州市港口的进一步发展。荃湾港区的疏港路、进港路需要升级改造,疏港的惠大高速公路仍在建设,尚未通车;惠大铁路进港线虽已进入港区,由于设计和建设不同步,码头没有实现与铁路的“无缝衔接”,仍需转运影响效率。惠大铁路的通过能力仍不能满足未来港口铁水联运的要求。

惠州港公用设施(航道、锚地、防波堤等)投入不足,公用配套设施滞后。

惠州港的航道锚地系统、引航服务、通信导航、海难救助、消防灭火、水电保障等等支持保障系统还需要进一步完善。

（四）固定航线偏少，缺乏对货源的吸引力

航线是港口对外联系的桥梁，也是港口发展的标志。目前，惠州港仅有5条航线。惠州市港口固定航线少、班轮班次少，制约了港口的发展壮大，导致惠州港竞争力不强。

以上惠州港存在的问题和不足，根源在于惠州港以往开发建设和经营管理过于市场化，过分依靠港口企业，政府对港口建设和发展没有发挥应有的作用，无法有效引导港口科学发展，导致港口建设和经营过于分散，难以形成规模效应，也就没有形成强有力的竞争力。

五、对策与措施

建设21世纪海上丝绸之路是国家层面的重要战略部署，是政府主导、企业演绎的一场大戏。惠州市要紧紧抓住这个国家战略的发展机遇，积极参与21世纪海上丝绸之路建设。为把惠州港打造成为21世纪海上丝绸之路桥头堡，提出如下几点建议与措施：

（一）开辟大型深水港区，提升港口吞吐能力

要打造21世纪海上丝绸之路桥头堡，首先必须扩大港口规模，提升港口的吞吐能力。惠州港要着重发展公用码头，建设物流型港口。从惠州港的三大港口布局来看，东马港区是为大亚湾滨海工业服务的货主码头港区，惠东港区由于集疏运系统和后方支撑难以形成气候，能够参与21世纪海上丝绸之路建设的唯有是为公共服务的荃湾港区。荃湾港区中荃湾作业区作为惠州港前期开发的港区，资源大部分掌握在企业或私人手上，政府一时难以改变局面。

要改变港口发展困局，惠州市应该加快荃湾港区纯洲作业区的开发，开辟一片政府能够主导发展的新天地。按规划，纯洲作业区可建设1万~15万吨级码头泊位30个，散杂货吞吐能力1.2亿吨，集装箱吞吐能力600万TEU，估计总投资350亿元。目前正在建设荃湾煤炭码头一期工程2个7万吨泊位（结构按15万吨级预留），投资25亿元，吞吐能力1500万吨；该项目二期工程增加建设1个15万吨泊位，投资15亿元，新增吞吐能力1500万吨。接着加快开发纯洲作业区的其余27个泊位，预计投资310亿元。

(二)创新投融资模式,政府搭台企业唱戏

加快纯洲作业区的整体开发,建设公用型码头泊位,可为21世纪海上丝绸之路桥头堡打下坚实的码头硬件基础,但是需要很大的前期投入,我们可以引入社会资本,创新建设模式与投资模式,以解决政府资金投入不足问题。

创新建设模式,可采取"航道升级+作业区回填"捆绑模式,即结合荃湾主航道的进一步扩宽浚深(5万吨级升级为15万吨级),利用疏浚物回填造陆,形成纯洲作业区陆域,一来节省疏浚物的外抛费用,二来节省回填物开挖费用,实现"一举两得",同时具有环保功能。

创新投资模式,可采取"BT+EPC"投资建设模式,引进大型港口建设和经营专业机构,参与大型港区的整体开发建设,政府可通过新形成的陆域与岸线资源,回购投资商的建设成本(含合理收益),以尽早实现港口功能的升级。

强化市级层面的统筹能力。港口岸线与陆域,是港口进一步发展的关键,市委、市政府要改变以往政府在港口建设发展中作用偏弱的问题,市政府可以通过统筹整合全市港口公共基础设施为契机,成立惠州市港口公共基础设施管理公司,部分持有新开发的港口岸线与陆域,以发挥市政府在港口开发建设的主导作用,带动全社会力量参与和支持港口建设。

(三)完善集疏运系统,强化支持保障系统

惠州市要加大市(县、区)政府投资,一方面从陆上改善港口集疏运条件,加快惠大疏港高速公路、荃湾港区的进港路和疏港路、纯洲作业区疏港路南北线和东西线建设;加快惠大铁路荃湾港前站的改造、进纯洲作业区铁路支线、惠大铁路全线的技术改造和复线改造建设,以满足未来港口铁水联运的要求。另一方面,要进一步将荃湾主航道浚深至规划的15万吨级,打开惠州港的水路发展瓶颈。

要加快建设完善惠州港的航道锚地系统、引航服务、通讯导航、海难救助、消防灭火、水电保障等等支持保障系统,打造绿色、平安港口。

(四)整合港口资源,实现可持续发展

从两个方面整合港口资源。一方面是政府层面,要实现港口公用设施由政府部门统一规划、统一建设、统一管理,统一调度。另一方面是企业层面,可实施港口码头营运管理和港口服务的资源整合,通过股份制合并、委托经营等方式,改变目前惠州港运营和服务企业多、散、小的面貌,消除无序竞争的问题,做大港口企业，通过专业化服务，形成规模效应，创造条件争取上市，实现港口企业的良性循环发展，使之真正成为惠州港建设和发展的主力军。

(五)加强外部合作，形成“多赢”局面

打造21世纪海上丝绸之路桥头堡，要加强惠州港与外部的联系和合作。加大力度对惠州港进行宣传推介，提高惠州港的知名度，吸引货源到惠州港进出。大力发展铁水联运、水水中转。加强腹地内陆城市加强联系，设立无水港。与国内外港口加强联系，建立友好港口，积极发展固定航线，开行定期航班。

(六)发展港口物流业，打造“物流型”港口

打造21世纪海上丝绸之路桥头堡，最终体现在物流量上，体现在港口对社会经济发展的支撑作用上。港口发展是系统工程，不仅要加快建设码头基础设施，也要加快建设物流基础设施，就像载货汽车不仅要车头，更需要配套的车厢，才能运输货物。惠州港要积极引进物流企业进驻港区，建设物流园区，创造条件建设保税港区和保税物流园区，为惠州港提供物流保障。

港口信息化是港口物流业发展的灵魂，也是港口发展阶段的标志。目前，我国绝大部分港口已从第二代港口向第三代，甚至第四代港口转变，走向现代化商贸信息大港。而目前惠州港总体还处在第二代港口阶段，需要加快转型升级，利用现代化的信息技术，建设智慧港口，提升港口运行效率和管理水平，促进惠州港物流业发展。

(七)重视引进和培养，打造专业人才队伍

港口建设和发展主要靠人才推进，离开人才，港口发展只是一句空谈。港口行业是交通运输行业里的一个分支专业，从全国范围上看，每年毕业生较少，同时港口行业又是一个涉及面很广的专业，港口管理人才的素养需要一定工作经验和时间的历练。惠州市要在政府和码头企业两个层面，大量引进和培养港口规划、运营和管理方面的人才，促进惠州市港口可持续发展。

(八)出台扶持政策，合力建港兴港

上海、深圳等先进港口城市的历史经验表明，港口是城市发展的重要基础设施，具有无比巨大的社会效益和长远的经济效益，各地的港口发展都是由政府主导的。港口建设项目的立项和审批，发改、环保、海洋、交通等各审批部门要大力支持和配合，缩短审批流程；港口运营要海关、边检、海事等口岸联检部门实现365天24小时的大通关服务等等。对于新开设的集装箱航线和物流园

区建设等给予一定的政府扶持补助政策,扶上马送一程,为惠州港发展创造最优惠的政策环境,将大大促进惠州港的发展。

六、结语

在国家层面,习近平总书记提出了“21 世纪海上丝绸之路”的战略构想;在省层面,省政府提出“积极参与 21 世纪海上丝绸之路和中国—东盟自贸区升级版建设”;从市层面,市委市政府提出“尽快进入珠三角第二梯队”的发展目标。惠州港口行业也需要一个响亮的冲锋号激励港口发展,打造“21 世纪海上丝绸之路桥头堡”,作为惠州港未来发展的新旗帜,是合适的,也是必要的。

惠州港打造“21 世纪海上丝绸之路桥头堡”,是实施“双港”发展战略,建设环大亚湾新区,是力助惠州市尽快进入珠三角第二梯队最积极的具体行动。

惠州港要打造“21 世纪海上丝绸之路桥头堡”,还存在一些问题和不足,主要是以往过于市场化,政府引导不够,导致码头公共服务能力不足,物流发展滞后。下来要加强政府对港口发展的引导,促进港口又好又快健康可持续发展,使惠州港真正成为“21 世纪海上丝绸之路桥头堡”。

(本文成稿于 2014 年 3 月)

附表:惠州港打造 21 世纪海上丝绸之路桥头堡规划建设项目表

附表：

惠州港打造21世纪海上丝绸之路桥头堡规划建设项目表

序号	项目名称	项目内容	作用	对接国家和地区	实施时间	备注
1	金泽海港物流园	该项目位于荃湾港区，占地27.3万平方米，主要功能包括大宗货物公共仓储区、集装箱堆场、加工区、交易服务区、物流配送区等，主要依托区位优势，以工业品、建材商贸配送为基础，逐步建成以城市物流配送中心、物流干线“动车”联动中心、物流供应链管理和物联网技术服务等为主体的综合性物流园	作为粤苏皖赣四省物流大通道南端出海口的惠州节点，利用惠州港铁水联运的优势，对内与我国北方港口唐山港等合作，对外与东南亚、澳洲等地开展物流往来，将为海上陆上物流大通道提供转运和联运的条件，发挥海上丝绸之路的转运枢纽作用	东南亚、澳洲等	2015年前建成一期工程，2020年前全面建成	已纳入惠州市现代物流发展规划与惠州市“十二五”发展规划
2	华南地区煤炭集散中心	该项目位于荃湾港区纯洲作业区，一期建设规模为2个7万吨级煤码头泊位及其配套的仓储转运系统，吞吐能力1500万吨；二期新建1个15万吨级泊位，并将一期2个泊位升级为15万吨级泊位，实现吞吐能力3000万吨	该项目将解决华南地区大型煤炭专业码头装卸能力与需求不匹配的问题，从东南亚印尼、马来西亚与澳洲等国家进口煤炭资源，为华南地区提供煤炭能源保障	东南亚、澳洲等	一期项目2016年建成，二期项目2020年建成	荃湾港区深能煤炭码头工程
3	华南地区粮油加工集散中心	该项目位于荃湾港区荃湾作业区东侧，3个7万吨级（水工15万吨级）散货码头泊位，配套公用仓储库60万吨。4个1000~5000吨级散货码头泊位。规划码头吞吐能力1500万吨/年。粮食加工仓储园区，占地104.2万平方米，远期规划2.2平方公里	该项目将解决珠三角地区粮食进口大型专业码头装卸能力与需求不匹配的问题，从东南亚进口粮食，为华南地区提供粮食保障	东盟国家泰国、印尼、巴基斯坦等	2025年建成	惠州港粮油产业园区

续上表

序号	项目名称	项 目 内 容	作 用	对接国家和地区	实施时间	备 注
4	华南地区木材集散中心	该项目位于荃湾港区荃湾作业区，利用荃湾港区现有的通用泊位进出木材，后方设立20万平方米木材保税仓储加工区	该项目从澳洲、新西兰、东南亚、非洲等地进口建筑木材和家具木材，进行保税加工仓储，分销、转运	从澳洲、新西兰、东南亚、非洲等	2014—2015年	续建
5	华南地区铁矿石集散中心	该项目位于荃湾港区纯洲作业区，规划建设规模为3个15万吨级铁矿石码头泊位及其配套的仓储转运系统，吞吐能力3000万吨	该项目从澳洲、印尼、巴西等地进口铁矿石，为京九铁路和京广铁路南部沿线钢铁厂提供铁矿石等原料	澳洲、印尼、巴西等	2025年前建成	十三五进行前期工作
6	华南地区建材集散中心	该项目位于荃湾港区，近期利用荃湾作业区的金泽物流园区运作。远期在纯洲作业区建设码头与园区一体的钢材专业市场，规划建设2个7万吨级泊位，园区面积50万平方米，钢材交易量1000万吨/年	从我国北方和国外进口钢材，解决珠三角地区对钢材的需求	日本、韩国、美国等	2025年前建成	十三五进行前期工作
7	国家石油南方储运中心	利用华德、中海油、壳牌现有的码头，通过技术改造，实现货主专用码头向公用码头转型	依托惠州港现有大型原油码头的优势，建设国家石油南方储运中心，保障珠三角原油供应	中东、非洲、南美等	2020年	
8	荃湾港区国际集装箱码头	该项目位于荃湾港区，一期建设规模为2个5万吨级，1个3000吨级集装箱专用泊位，设计吞吐能力80万TEU/年。二期建设3个5万吨级集装箱泊位，设计吞吐能力120万TEU/年	通过国际集装箱航线，尤其是东南亚航线，对提升粤东南部地区与东南亚、欧美地区商贸物流起到重要促进作用	东南亚、欧美等国	一期项目2014年建成投产，二期项目2030年建成	十三五进行二期项目前期工作

续上表

序号	项目名称	项目内容	作用	对接国家和地区	实施时间	备注
9	惠州港保税港区	该项目位于荃湾港区纯洲作业区南部，规划建设规模为11个5万~15万吨级集装箱专用泊位，设计吞吐能力600万TEU/年，后方设有约2平方公里的保税集装箱堆场	为海上丝绸之路集装箱中转服务，保税加工、分装、仓储等功能	海上丝绸之路沿岸各国	2020—2030年	十三五进行前期工作
10	大亚湾石化产品物流园	该项目位于荃湾港区荃湾作业区北侧，占地50万平方米，为大亚湾石化产品储存、中转和交易服务	项目依托大亚湾石化区，是大亚湾石化区产成品面向全球的交易中心	东南亚、欧美、非洲等	2020年前初步建成，2030年全面建成	
11	荃湾集装箱物流园	该项目位于荃湾港区荃湾作业区国际集装箱码头北侧，占地65.8万平方米，主要提供集装箱增值服务，保税物流服务	依托国际集装箱码头，为该码头开通国际航线提供物流配套支撑服务	东南亚、欧美、非洲等	2020年前初步建成，2030年全面建成	
12	荃湾冷链物流园	该项目位于荃湾港区荃湾作业区，占地40万平方米，主要提供进口冷冻食品保税仓储集散服务	给从海上丝绸之路国家进口食品提供保税仓储集散服务，为珠三角提供肉类、海产品等	东南亚、欧美等	2020年前初步建成，2030年全面建成	
13	荃湾港区进港主航道扩建及纯洲作业区吹填造陆工程	该项目将荃湾港区进港主航道由全潮5万吨级、乘潮7万吨级航道扩建为全潮10万吨，乘潮15万吨级航道，疏浚泥用于纯洲作业区吹填造陆，形成陆域4.2平方公里(纯洲作业区总面积6.5平方公里)	一方面为荃湾港区码头开拓深水航道；另一方面为加快纯洲作业区整体开发，建设大型码头泊位和配套物流园区打下坚实基础。纯洲作业区将主要建设大型散杂货与集装箱码头，重点开发建设保税港区与物流园区，大力发展现代物流业		2017年	荃湾港区纯洲作业区开发的先导基础工程

续上表

序号	项目名称	项目内容	作用	对接国家和地区	实施时间	备注
14	华瀛燃料油调和配送中心	该项目主要包括生产能力1000万吨/年燃料油调和配送中心及吞吐能力为2000万吨/年的配套码头项目。其中储罐共125万立方米,配套建设1个30万吨级接卸船码头和3个2万吨级燃料油出运码头	为海上丝绸之路的航行船舶提供燃料油,使惠州港成为海上丝绸之路的航行轮船后勤保障基地	东南亚	2016年建成	续建
15	华德马鞭洲燃料油保税库项目	该项目新建2个5千吨级油船泊位(结构按1万吨级预留)、对15万吨原油码头技术改造及新建燃料油保税库		东南亚	2016年建成	续建
16	惠州港外贸产品展示中心	该项目位于荃湾港区荃湾作业区,建设国际贸易产品展示和交易会馆,占地15万平方米,一期5万平方米,二期10万平方米	为来自海上丝绸沿岸国家的产品提供展示和交易场所	海上丝绸沿岸国家	一期2020年前建成工程,二期2030年建成	
17	境外合作经济区	在环大亚湾地区设立境外合作经济区,规模根据合作方需要具体提出	内联内陆腹地生产制造企业,外邀东南亚商贸物流企业,汇集21世纪海上丝绸之路沿线的优质资源,有针对性地开拓东盟市场,与东盟产业形成优势互补	海上丝绸沿岸国家	2020年前初具规模,2030年建成	在惠州港规划港区范围外
18	国际金融贸易结算中心	在环大亚湾地区设立国际金融贸易结算中心	为惠州市参与21世纪海上丝绸之路建设项目和国际贸易提供便利的金融服务	全球	2030年前建成	在惠州港规划港区范围外
19	智慧港口	建设惠州港EDI中心、物流公共信息平台、智慧港口政务管理系统、港口应急指挥监控系统、智慧港口生产系统等	利用现代化的信息技术,发展智慧物流,为21世纪海上丝绸之路提供信息化服务		2020年前建成	
20	缔结友好港口	根据港口业务发展需要,与4~5个国外港口缔结友好港口,与唐山港等北方港口结成友好港口	以友好港口为着力点,参与21世纪海上丝绸之路建设,发挥更大的作用	巴基斯坦、斯里兰卡、澳洲、印尼等地港口	2020年前	

形成内外一体化物流服务新格局

——抓住国家战略实施的发展机遇，把惠州市建设成为21世纪海上丝绸之路桥头堡

十八届三中全会决定“推进丝绸之路经济带、海上丝绸之路建设，形成全方位开放新格局”。沿海各省针对中央提出的21世纪海上丝绸之路战略，都积极响应并提出了相应的措施。广东省政府在2014年《政府工作报告》提出“积极参与21世纪海上丝绸之路和中国—东盟自贸区升级版建设”。全省沿海各市积极响应参与21世纪海上丝绸之路的建设，都希望在这个国家战略中寻求发展机遇，促进当地经济和社会发展。惠州市应紧紧抓住国家战略实施的发展机遇，积极参与共建21世纪海上丝绸之路，集全市之力，把惠州市建设成为21世纪海上丝绸之路桥头堡。

一、创新港口建设投融资模式，引进大型港口建设和经营专业机构

第一，加快港区开发建设，提升港口吞吐能力。要打造21世纪海上丝绸之路桥头堡，首先必须扩大港口规模，提升港口的吞吐能力。惠州港要着重发展公用码头，建设物流型港口。从惠州港的三大港口布局来看，要加快荃湾港区纯洲作业区的开发，结合荃湾主航道的进一步扩宽浚深，利用疏浚物回填造陆，形成纯洲作业区陆域。创新港口建设投融资模式，引进大型港口建设和经营专业机构，加快纯洲作业区整体开发，建设公用型码头泊位，为21世纪海上丝绸之路桥头堡打下坚实的硬件基础。在原有基础上，接下来要加快开发纯洲作业区的其余27个泊位，预计投资310亿元。要加快建设完善惠州港的航道锚地系统、引航服务、通讯导航、海难救助、消防灭火、水电保障等支持保障系统，打造绿色、平安港口。

第二，改善口岸环境，实现口岸大通关。21世纪海上丝绸之路桥头堡必须有良好的方便快捷的通关环境，才能吸引物流和商流到惠州市发展业务。海关、边检、海事等口岸联检部门要实现365天24小时的大通关服务。要依托一类口岸，加快建设综合保税港区，对口岸查验服务功能进行聚合，形成对内对外

一体化的国家物流服务新格局,为国际物流的集散和资源集聚创造条件,为产业的实质性导入提供良好的配套服务,增强惠州市在东盟及南亚地区的吸引力和集聚力。

第三,搭建对外合作平台,增强对外合作纽带。要积极引进物流企业进驻港口,建设港口物流园区,创造条件建设保税港区和保税物流园区,大力发展现代物流业。要立足现代物流的发展,面向内陆和东南亚,整合惠州港口物流优势资源,形成服务陆海两端的合力,在环大亚湾新区设立21世纪海上丝绸之路与东南亚国家的境外合作经济区(逐步向自贸区发展)。依托深莞惠都市圈和粤湘闽赣内陆的电子、轻工、农产品等产业集群,设立商贸境外合作经济区,推进惠州市加快走向国际市场,将惠州市建设成为21世纪海上丝绸之路珠江东岸的国际商贸物流合作区。同时,从惠州市自身资源及基础条件出发,根据自身特色优势,有针对性地开拓东盟市场,与东盟产业形成优势互补。

二、发展智慧物流,建设智慧港口,促进港口物流业发展

第四,构建紧密畅顺的物流通道,实现带、路互联。依托惠州市发达的高速公路、铁路及港口组成的综合交通运输体系,大力发展"铁水联运"、"水水中转",积极参与建设粤苏皖赣四省物流大通道,将我国丝绸之路经济带(欧亚大陆桥)引入惠州,再通过惠州港跨海连接东南亚地区(海上丝绸之路),内引外连,形成"带、路互联"的内陆到海上快捷的物流大通道。要加大市(县、区)政府投资,一方面从陆上改善港口集疏运条件,加快惠大疏港高速公路、荃湾港区进港路和疏港路等基础设施建设,以满足未来港口铁水联运的要求;另一方面,要进一步将荃湾主航道浚深至规划的15万吨级,打通惠州港的水路发展瓶颈。

第五,提升软环境,激发桥头堡活力。海上丝绸之路的作用主要体现在对外商贸和货物交流,除建设必要的交通设施外,惠州市还须在大亚湾建设国际贸易金融结算中心等软环境支撑基础,以适应国际贸易的需要,促进海上丝绸之路的发展。信息化是现代物流业发展的灵魂,惠州市要利用现代化的信息技术,发展智慧物流,建设智慧港口,提升港口运行效率和管理水平,促进港口物流业发展,打造亚太地区开放、便捷、高效、安全的物流中心之一。

(本文发表于《惠州日报》2014年6月17日理论与实践版)

打造21世纪海上丝绸之路桥头堡的思考

十八届三中全会决定“推进丝绸之路经济带、海上丝绸之路建设,形成全方位开放新格局”。为此,广东、广西、福建等南部沿海各省针对21世纪海上丝绸之路战略,都积极响应并提出了相应的措施。广东省沿海各市积极响应参与21世纪海上丝绸之路的建设,都希望在这个国家战略中寻求发展机遇,促进当地经济和社会发展。惠州市应紧紧抓住这个国家战略的发展机遇,加快港口发展,力争把惠州港建设成为21世纪海上丝绸之路桥头堡。

一、惠州港的优势

(一)惠州港交通区位非常重要,运输枢纽作用凸显

从自然地理来看,惠州东靠汕尾,西邻广州、东莞,南接深圳,北连韶关、河源。惠州西距广州市区140公里,南至深圳市区80公里,水路距香港47海里,是广东省除深圳外离香港最近的城市。从古代交通史来看,闽西、赣南一带的食盐,大都从循州(惠州)、梅州、潮州等地贩运而来,可见古时惠州的交通运输已甚为繁忙。惠州作为粤东的交通重镇时日已久。

惠州港位于华南沿海经济中心的珠三角东部,背靠珠三角、泛珠三角等广阔腹地,地处以香港为核心的远东航运中心地带,依傍国家环球和环太平洋航线,是华南沿海便捷的海上门户,是京九铁路南端最便捷的出海口。

(二)惠州港发展潜力大,量能稳步提升

惠州港于1993年获批准为一类口岸,惠州港的外贸吞吐量占整个港区吞吐量的比重较高,且各分港区均有进出口外贸货运量。目前在澳头、东联、碧甲及港口镇等地均设有专门的海关、商检、动植物检验及卫生检验等口岸大楼。2013年底,惠州港生产性码头泊位40个,其中万吨级以上深水泊位19个(含30万吨级2个和15万吨级2个),吞吐能力超亿吨(10011万吨)。目前,惠州港是珠三角港口群中唯一拥有30万吨级深水泊位的港口,马鞭洲作业区是我国超大型泊位最密集的港区之一。近年来惠州港吞吐量快速提升,2013年实

际完成吞吐量8035万吨,预计2015年港口吞吐量有望实现亿吨大港目标。

(三)惠州港经济腹地广阔,对腹地的经济和社会发展影响巨大

惠州港的腹地包括直接腹地为惠州市,间接腹地为河源市、珠三角地区以及江西、湖南等京九铁路沿线地区。近年来,惠州港腹地经济快速发展,给惠州港带来巨大的发展前景。

(四)惠州港增强珠三角港口功能,填补珠三角港口能力不足

惠州港具有岸线、土地、水域等方面的比较优势,特别是发展30万吨级等超大型泊位方面优势明显,是珠三角核心区港口功能转移的主要承接地。惠州港将重点发展煤炭、石油化工、铁矿石、粮食等专业化码头,成为为煤炭、石油化工、铁矿石、粮食等国家战略物资和外贸集装箱运输服务的港口。通过实施错位发展战略,惠州港在发展石油化工、煤炭等大宗干散货和件杂货、集装箱运输等方面将增强珠三角港口群功能,填补能力的不足,推进珠三角港口一体化,提升珠三角港口群的整体能力。

(五)日趋完善的集疏运通道,带来广阔的经济腹地

珠三角港口群中普遍存在港口集疏运系统能力不足、衔接不畅等问题,已经成为当前制约区域港口发展的突出问题。而经过20多年发展,惠州港已基本具备较为完善的港口集疏运体系。惠州市具备水路、铁路、公路、管道和航空等综合交通运输体系,集疏运体系较为完善。惠州港通过日益完善的港口集疏运体系,腹地范围将扩展到珠三角地区、粤东北地区以及江西、湖南、湖北等泛珠三角地区。

二、存在的问题和不足

要成为21世纪海上丝绸之路桥头堡,港口必须是联系对内对外两个扇面大进大出的窗口,具备为广大腹地经济全面发展服务的能力。这决定了港口应当是以公共服务为主的物流型港口,对比这个要求,惠州港存在如下不足:

(一)公用码头偏少

目前惠州港最明显的特征是产业港,为临港工业配套的货主专用码头占主导地位。首先,从港区布局看,东马港区、惠东港区碧甲作业区的建设主体是华德、壳牌、中海油、粤电力等大型企业。其次,从码头数量上看,全港公用码头17个泊位,设计吞吐能力1633万吨,仅占全港总吞吐能力的16.3%;货主码头

23个泊位,设计吞吐能力8378万吨,占全港总吞吐能力的83.7%。第三,从实际吞吐量看,2013年货主专用码头完成吞吐量4005.76万吨,占总吞吐量的83.92%,公用码头完成767.71万吨,占总吞吐量的16.08%。

(二)港口配套的物流园区尚未完善

惠州港目前还没有真正成规模、上档次的配套物流园区,港区后方土地未有得到应有的开发,没有配套建设港口物流园区为港口提供强有力的支撑,港口综合服务难以上台阶,使港口前方的公用码头成了无源之渠,断断续续,难以维持健康发展势头。

(三)疏港集疏运体系和支持保障系统亟待完善

虽然近年来惠州市港口的综合交通集疏运体系骨架得到很大发展,但各个港区仍存在"最后一公里"问题,制约了惠州港的进一步发展。荃湾港区的疏港路、进港路需要升级改造,疏港的惠大高速公路仍在建设;惠大铁路进港线虽已进入港区,由于设计和建设不同步,码头没有实现与铁路的"无缝衔接",仍需短倒影响效率和效益。惠大铁路的通过能力仍不能满足未来港口铁水联运的要求。

惠州港公用设施(航道、锚地、防波堤等)投入不足,公用配套设施滞后。惠州港的航道锚地系统、引航服务、通信导航、海难救助、消防灭火、水电保障等支持保障系统还需要进一步完善。

(四)固定航线偏少

航线是港口对外联系的桥梁,也是港口发展的标志。目前,惠州港仅有5条航线。固定航线少、班轮班次稀,制约了港口的发展壮大,导致惠州港竞争力不强。

三、对策与措施

(一)加快港区开发建设,提升港口吞吐能力

要打造21世纪海上丝绸之路桥头堡,首先必须扩大港口规模,提升港口的吞吐能力。惠州港要着重发展公用码头,建设物流型港口。从惠州港的三大港口布局来看,东马港区是为大亚湾滨海工业服务的货主码头港区,惠东港区由于集疏运系统和后方支撑难以形成气候,能够参与21世纪海上丝绸之路建设的唯有是为公共服务的荃湾港区。荃湾港区中荃湾作业区作为惠州港前期开

发的港区，资源已掌握在企业和私人手上，政府一时难以改变局面。

要改变港口发展困局，惠州市应该加快荃湾港区纯洲作业区的开发，开辟一片政府能够掌控的新天地。结合荃湾主航道的进一步扩宽浚深，利用疏浚物回填造陆，形成纯洲作业区陆域。创新港口建设投融资模式，引进大型港口建设和经营专业机构，加快纯洲作业区整体开发，建设公用型码头泊位，为21世纪海上丝绸之路桥头堡打下坚实的硬件基础。

按规划，纯洲作业区可建设1万~15万吨级码头泊位30个，散杂货吞吐能力1.2亿吨，集装箱吞吐能力600万TEU，估计总投资350亿元。目前正在建设荃湾煤炭码头一期工程2个7万吨泊位（结构按15万吨级预留），投资25亿元，吞吐能力1500万吨；该项目二期工程增加建设1个15万吨泊位，投资15亿元，新增吞吐能力1500万吨。下来接着加快开发纯洲作业区的其余27个泊位，预计投资310亿元。

（二）完善港口集疏运系统和支持保障系统

惠州市要加大市（县、区）政府投资，一方面从陆上改善港口集疏运条件，加快惠大疏港高速公路、荃湾港区的进港路和疏港路、纯洲作业区疏港路南北线和东西线建设；加快惠大铁路荃湾港前站的改造、进纯洲作业区铁路支线、惠大铁路全线的技术改造和复线改造建设，以满足未来港口铁水联运的要求。另一方面，要进一步将荃湾主航道浚深至规划的15万吨级，打开惠州港的水路发展瓶颈。

要加快建设完善惠州港的航道锚地系统、引航服务、通讯导航、海难救助、消防灭火、水电保障等等支持保障系统，打造绿色、平安港口。

（三）整合港口资源

从两个方面整合港口资源。一方面是政府层面，要实现港口公用设施的政府统一规划、统一建设、统一管理，统一调度。另一方面是企业层面，可实施港口码头营运管理和港口服务的资源整合，通过股份制合并、委托经营等方式，改变目前惠州港运营和服务企业多、散、小的面貌，消除无序竞争的问题，做大港口企业，通过专业化服务，形成规模效应，创造条件争取上市，实现港口企业的良性循环发展，使之真正成为惠州港建设和发展的主力军。

（四）加强对外合作

打造21世纪海上丝绸之路桥头堡，要加强惠州港与外部的联系和合作。

加大力度对惠州港进行宣传推介，提高惠州港的知名度，吸引货源到惠州港进出。大力发展铁水联运、水水中转。加强腹地内陆城市加强联系，设立无水港。与国内外港口加强联系，建立友好港口，积极发展固定航线，开行定期航班。

依托惠州市发达的高速公路、铁路及港口，积极参与建设粤苏皖赣四省物流大通道，将我国丝绸之路经济带（欧亚大陆桥）引入到惠州，再通过惠州港跨海连接东南亚地区（海上丝绸之路），内引外连，形成“带、路互联”的内陆到海上快捷的物流大通道，使惠州市真正成为服务内陆、服务海外的21世纪海上丝绸之路珠江东岸桥头堡。

（五）发展港口物流业

打造21世纪海上丝绸之路桥头堡，最终体现在物流量上，体现在港口对社会经济发展的支撑作用上。港口发展是系统工程，不仅要加快建设码头基础设施，也要加快建设物流基础设施，就像载货汽车不仅要车头，更需要配套的车厢，才能运输货物。惠州港要积极引进物流企业进驻港区，建设物流园区，创造条件建设保税港区和保税物流园区，为惠州港提供物流保障。

港口信息化是港口物流业发展的灵魂，也是港口发展阶段的标志。目前，我国绝大部分港口已从第二代港口向第三代，甚至第四代港口转变，走向现代化商贸信息大港。而目前惠州港总体还处在第二代港口阶段，需要加快转型升级，利用现代化的信息技术，建设智慧港口，提升港口运行效率和管理水平，促进惠州港物流业发展，打造亚太地区最开放、最便捷、最高效、最安全的物流中心。

（六）搭建与东盟国家合作平台

立足现代物流的发展，面向内陆和东南亚，整合惠州港口物流优势资源，形成服务陆海两端的合力，在环大亚湾新区设立21世纪海上丝绸之路与东南亚国家的境外合作经济区（逐步向自贸区发展）。依托深莞惠都市圈和粤湘闽赣内陆的电子、轻工、农产品等产业集群，设立商贸境外合作经济区，推进惠州市加快走向国际市场，将惠州市建设成为21世纪海上丝绸之路珠江东岸的国际商贸物流合作区。同时，依托一类口岸，对海关、商检、动植物检验、卫生检验及保税等功能进行聚合，形成对内对外一体化的国家物流服务新格局，为国际物流的集散和资源集聚创造条件，为产业的实质性导入提供良好的配套服务，增强惠州市在东盟及南亚地区的吸引力和集聚力。从自身资源及基础条件出发，根据自身特色优势,通过构建境外合作经济区,内联内陆腹地生产制造企业,外邀东南亚商贸物流企业,汇集21世纪海上丝绸之路沿线的优质资源,有针对性地开拓东盟市场,与东盟产业形成优势互补。

(七)加快引进和培养港口专业人才

港口建设和发展主要靠人才推进,离开人才,港口发展只是一句空谈。港口行业是交通运输行业里的一个分支专业,从全国范围上看,每年毕业生较少,同时港口行业又是一个涉及面很广的专业,港口管理人才的素养需要一定工作经验和时间的历练。惠州市要在政府和码头企业两个层面,大量引进和培养港口规划、运营和管理方面的人才,促进惠州市港口可持续发展。

(八)出台扶持政策合力兴港

上海、深圳等先进港口城市的历史经验表明,港口是城市发展的重要基础设施,具有无比巨大的社会效益和长远的经济效益,各地的港口发展都是由政府主导的。港口建设项目的立项和审批,发改、环保、海洋、交通等各审批部门要大力支持和配合,缩短审批流程;港口运营要海关、边检、海事等口岸联检部门实现365天24小时的大通关服务等等。对于新开设的集装箱航线和物流园区建设等给予一定的政府扶持补助政策,扶上马送一程,为惠州港发展创造最优惠的政策环境,将大大促进惠州港的发展。

(本文发表于惠州市委政策研究室《决策参考》第12期2014年6月23日)

抢抓机遇　全力推进
力争构建 21 世纪海上丝绸之路桥头堡的重要港口

十八届三中全会指出“推进丝绸之路经济带、海上丝绸之路建设，形成全方位开放新格局。”21 世纪海上丝绸之路是新一届中央领导集体提出的重大战略构想，广东、广西、福建等南部沿海各省针对 21 世纪海上丝绸之路战略，都积极响应并提出了相应的措施。省政府在 2014 年《政府工作报告》提出“积极参与 21 世纪海上丝绸之路和中国—东盟自贸区升级版建设”。惠州市领导 6 月 15 日在接受“海上丝绸之路沿岸国家主流媒体看广东”采访团时明确指出，惠州要努力建设海上丝绸之路桥头堡。紧紧抓住这个国家战略的发展机遇，加快港口发展，力争把惠州港（以下均特指海港）建设成为 21 世纪海上丝绸之路桥头堡上的重要港口，力促惠州市尽快进入珠三角第二梯队。

一、惠州港的优势

惠州港是珠三角港口群的重要组成部分。市委、市政府高度重视惠州港发展，提出尽快进入珠三角第二梯队的发展目标，建设环大亚湾新区，实施“双港（海港和空港）”发展战略，高起点谋划、高标准建设海港经济，全力打造亿吨大港，海港经济将成为惠州市经济新的增长点。随着“双港”发展战略的实施，惠州港的发展步伐将大大加快，港口的功能作用和发展地位将进一步提升，惠州港发展成为 21 世纪海上丝绸之路桥头堡上的重要港口是可能的，也是大有可为的。

（一）惠州港交通区位非常重要，运输枢纽作用凸显

从自然地理来看，惠州东靠汕尾，西邻广州、东莞，南接深圳，北连韶关、河源。惠州西距广州市区 140 公里，南至深圳市区 80 公里，水路距香港 47 海里，是广东省除深圳外离香港最近的城市。惠州港位于华南沿海经济中心的珠三角东部，背靠珠三角、泛珠三角等广阔腹地，地处以香港为核心的远东航运中心地带，依傍国家环球和环太平洋航线，是华南沿海便捷的海上门户，是京九铁路

南端最便捷的出海口。

(二)惠州港发展潜力大,量能稳步提升

惠州港所处的大亚湾是华南地区难得的天然深水良港,具有优越的建港自然条件:岛屿多、掩护好、风浪小、潮差弱、回淤少、水域深、陆域宽、宜港岸线长。惠州市海岸线全长281.4公里,跨越大亚湾和红海湾,岸线资源丰富,规划建设港口岸线57.9公里,可用于开发的海岛岸线18.2公里,可形成港口总规模107个泊位,其中深水泊位55个,总吞吐能力3.5亿吨。马鞭洲航道已建成25万吨级(下来将拓深为30万吨级)高等级航道。可见,惠州港具有巨大的发展潜力和发展空间。

惠州港于1993年获批准为一类口岸,惠州港的外贸吞吐量占整个港区吞吐量的比重较高,且各分港区均有进出口外贸货运量。目前,惠州港是珠三角港口群中唯一拥有30万吨级深水泊位的港口,马鞭洲作业区是我国超大型泊位最密集的港区之一。近年来惠州港吞吐量快速提升,2013年实际完成吞吐量8035万吨,预计2015年港口吞吐量有望实现亿吨大港目标。

(三)惠州港经济腹地广阔,对腹地的经济和社会发展影响巨大

惠州港的腹地包括直接腹地为惠州市,间接腹地为河源市、珠三角地区以及江西、湖南等京九铁路沿线地区。近年来,惠州港腹地经济快速发展,给惠州港带来巨大的发展前景。

(四)惠州港增强珠三角港口功能,填补珠三角港口能力不足

珠三角是我国乃至全球港口运输最发达、最为繁忙的地区之一。但珠三角沿海港口存在着结构性矛盾,现有干散货码头设施能力不足,如专业化矿石、粮食泊位通过能力不足,大量矿石和粮食等利用通用泊位接卸,专业化水平低、黑白混杂,远未实现专业化、规模化、集约化发展的目标。此外,码头泊位等级低,在陆域纵深、仓储、集疏运条件等方面,已经不能适应当前的发展趋势。广州、深圳等珠三角核心地区港口的建港岸线资源不足问题日益显现:随着城市化发展,港城相互交叉重叠,港口与城市在土地、交通、环境等方面的矛盾日益突出,珠三角核心区港口功能转移将是珠三角产业转移的重要内容和历史必然。

惠州港具有岸线、土地、水域等方面的比较优势,特别是建设30万吨级等超大型泊位方面优势明显(惠州港是珠三角港口群唯一适合建设30万吨级及以上码头泊位的港口),是珠三角核心区港口功能转移的主要承接地。通过实

施珠三角港口一体化和错位发展战略，惠州港将重点发展原油、石油化工、煤炭、铁矿石、粮食、钢材等专业化码头，增强珠三角港口群功能，填补珠三角港口群在大型干散杂货专业码头能力的不足，提升珠三角港口群的整体能力。由此，惠州港将成为珠三角地区为煤炭、石油、铁矿石、粮食等国家战略物资和外贸集装箱运输中转服务的最佳港口。

（五）日趋完善的集疏运通道，带来惠州港经济腹地广阔

珠三角港口群中普遍存在港口集疏运系统能力不足、衔接不畅等问题，已经成为当前制约区域港口发展的突出问题。而经过 20 多年发展，惠州港已基本具备较为完善的港口集疏运体系。惠州市具备水路、铁路、公路、管道和航空等综合交通运输体系，集疏运体系较为完善。惠州港通过日益完善的港口集疏运体系，惠州港腹地范围从原来的惠州市，扩展到珠三角地区、粤东北地区以及江西、湖南、湖北等泛珠三角地区。从惠州港的交通区位重要性，量能发展潜力和经济社会影响面来看，惠州港位于国家水运主通道、公路主骨架、铁路主干线等交汇处，有较强的对内、对外两个扇面的辐射作用；珠三角地区为煤炭、石油、铁矿石、粮食等国家战略物资和外贸集装箱运输中转服务的最佳港口。

二、惠州港的不足和问题

简要概括为：公用码头偏少；港口配套的物流园区尚未完善；疏港集疏运体系和支持保障系统亟待完善；固定航线偏少。

三、以“五个抓手”把惠州港打造成 21 世纪海上丝绸之路桥头堡上的重要港口

“五个抓手”即：一是做大港口能力，打牢桥头堡基础；二是改善口岸环境，实现口岸大通关；三是搭建对外合作平台，增强对外合作纽带；四是构建紧密畅顺的物流通道，实现带、路互联；五是提升软环境，激发桥头堡活力。

（一）加快港区开发建设，提升港口吞吐能力

惠州市要打造 21 世纪海上丝绸之路桥头堡，首先必须扩大港口规模，提升港口的吞吐能力。惠州港要着重发展公用码头，建设物流型港口。从惠州港的三大港口布局来看，东马港区是为大亚湾滨海工业服务的货主码头港区，惠东港区由于集疏运系统和后方支撑难以形成气候，能够参与 21 世纪海上丝绸之

路建设的唯有为公共服务的荃湾港区。惠州市要加快荃湾港区纯洲作业区的开发，结合荃湾主航道的进一步扩宽浚深，利用疏浚物回填造陆，形成纯洲作业区陆域。创新港口建设投融资模式，引进大型港口建设和经营专业机构，加快纯洲作业区整体开发，建设公用型码头泊位，为21世纪海上丝绸之路桥头堡打下坚实的硬件基础。

按规划，纯洲作业区可建设1万~15万吨级码头泊位30个，散杂货吞吐能力1.2亿吨，集装箱吞吐能力600万TEU，估计总投资350亿元。目前正在建设荃湾煤炭码头一期工程2个7万吨泊位（结构按15万吨级预留），投资25亿元，吞吐能力1500万吨；该项目二期工程增加建设1个15万吨级泊位，投资15亿元，新增吞吐能力1500万吨。下来接着加快开发纯洲作业区的其余27个泊位，预计投资310亿元。

（二）改善口岸环境，实现口岸大通关

惠州市要依托一类口岸，加快建设综合保税港区，对口岸查验服务功能进行聚合，形成对内对外一体化的国家物流服务新格局，为国际物流的集散和资源集聚创造条件，为产业的实质性导入提供良好的配套服务，海关、边检、海事等口岸联检部门应实现365天24小时的大通关服务，增强惠州市在东盟及南亚地区的吸引力和集聚力。

（三）建设港口物流园和保税物流园区，增强对外合作纽带

惠州市要积极引进物流企业进驻港口，建设港口物流园区，创造条件建设保税港区和保税物流园区，大力发展现代物流业。立足现代物流的发展，面向内陆和东南亚，整合惠州港口物流优势资源，形成服务陆海两端的合力，在环大亚湾新区设立21世纪海上丝绸之路与东南亚国家的境外合作经济区（逐步向自贸区发展）。依托深莞惠都市圈和粤湘闽赣内陆的电子、轻工、农产品等产业集群，设立商贸境外合作经济区，推进惠州市加快走向国际市场，将惠州市建设成为21世纪海上丝绸之路珠江东岸的国际商贸物流合作区。同时，从自身资源及基础条件出发，根据自身特色优势，通过构建境外合作经济区，内联内陆腹地生产制造企业，外邀东南亚商贸物流企业，汇集21世纪海上丝绸之路沿线的优质资源，有针对性地开拓东盟市场，与东盟产业形成优势互补。

（四）构建紧密畅顺的物流通道，实现带、路互联

依托惠州市发达的高速公路、铁路及港口组成的综合交通运输体系，大力

发展铁水联运、水水中转，积极参与建设粤苏皖赣四省物流大通道，将我国丝绸之路经济带（欧亚大陆桥）引入到惠州，再通过惠州港跨海连接东南亚地区（海上丝绸之路），内引外连，形成“带、路互联”的内陆到海上快捷的物流大通道，使惠州市真正成为服务内陆、服务海外的21世纪海上丝绸之路桥头堡。惠州市要加大市（县、区）政府投资，一方面从陆上改善港口集疏运条件，加快惠大疏港高速公路、荃湾港区的进港路和疏港路、纯洲作业区疏港路南北线和东西线建设；加快惠大铁路荃湾港前站的改造、进纯洲作业区铁路支线、惠大铁路全线的技术改造和复线改造建设，以满足未来港口铁水联运的要求。另一方面，要进一步将荃湾主航道浚深至规划的15万吨级，打开惠州港的水路发展瓶颈。

（五）提升软环境，激发桥头堡活力

信息化是现代物流业发展的灵魂，惠州市要利用现代化的信息技术，发展智慧物流，建设智慧港口，提升港口运行效率和管理水平，促进港口物流业发展，打造亚太地区最开放、最便捷、最高效、最安全的物流中心。

（本文发表于惠州市政协《惠州社情民意》第193期2014年7月4日）

抢抓机遇　构建21世纪海上丝绸之路桥头堡

十八届三中全会决定“推进丝绸之路经济带、海上丝绸之路建设，形成全方位开放新格局。”为此，广东、广西、福建等南部沿海各省针对21世纪海上丝绸之路战略，都积极响应并提出了相应的措施。广东省沿海各市积极响应参与21世纪海上丝绸之路的建设，都希望在这个国家战略中寻求发展机遇，分享一杯羹，促进当地经济和社会发展。惠州市也要紧紧抓住这个国家战略的发展机遇，加快港口发展，力争把惠州港建设成为21世纪海上丝绸之路桥头堡。

一、惠州港（以下均特指海港）的优势

（一）惠州港交通区位非常重要，运输枢纽作用凸显

从自然地理来看，惠州东靠汕尾，西邻广州、东莞，南接深圳，北连韶关、河源。惠州西距广州市区140公里，南至深圳市区80公里，水路距香港47海里，是广东省除深圳外离香港最近的城市。

惠州港位于华南沿海经济中心的珠三角东部，背靠珠三角、泛珠三角等广阔腹地，地处以香港为核心的远东航运中心地带，依傍国家环球和环太平洋航线，是华南沿海便捷的海上门户，是京九铁路南端最便捷的出海口。

（二）惠州港发展潜力大，量能稳步提升

惠州港于1993年获批准为一类口岸，惠州港的外贸吞吐量占整个港区吞吐量的比重较高，且各分港区均有进出口外贸货运量。目前在澳头、东联、碧甲及港口镇等地均设有专门的海关、商检、动植物检验及卫生检验等口岸大楼。2013年底，惠州港生产性码头泊位40个，其中万吨级以上深水泊位19个（含30万吨级2个和15万吨级2个），吞吐能力超亿吨（10011万吨）。目前，惠州港是珠三角港口群中唯一拥有30万吨级深水泊位的港口，马鞭洲作业区是我国超大型泊位最密集的港区之一。近年来惠州港吞吐量快速提升，2013年实际完成吞吐量8035万吨，预计“十二五”末期港口吞吐量有望实现亿吨大港目标。

(三)日趋完善的集疏运通道,带来惠州港经济腹地广阔,对腹地的经济和社会发展影响巨大

目前,惠州市具备水路、铁路、公路、管道和航空等综合交通运输体系,集疏运体系较为完善。惠州港通过日益完善的港口集疏运体系,惠州港腹地范围从原来的惠州市,扩展到珠三角地区、粤东北地区以及江西、湖南、湖北等泛珠三角地区。同时,惠州港腹地经济快速发展,给惠州港带来巨大的发展前景。

(四)惠州港增强珠三角港口功能,填补珠三角港口能力不足

珠三角沿海港口现存结构性矛盾,现有干散货码头设施能力不足,如专业化矿石、粮食泊位通过能力不足,大量矿石和粮食等利用通用泊位接卸,专业化水平低、黑白混杂,远未实现港区作业规模化、集约化发展的目标。此外,码头泊位等级低,在陆域纵深、仓储、集疏运条件等方面,已经不能适应当前的发展趋势。广州、深圳等珠三角核心地区港口的宜港岸线资源不足问题日益显现;随着城市化发展,港城相互交叉重叠,港口与城市在土地、交通、环境等方面的矛盾日益突出,珠三角核心区港口功能转移将是珠三角产业转移的重要内容和历史必然。

惠州港具有优良的建港自然条件、便捷的交通条件、便利的陆域形成条件等方面的比较优势,特别是建设30万吨级等超大型泊位方面优势明显(惠州港是珠三角港口群唯一适合建设30万吨级及以上码头泊位的港口),是珠三角核心区港口功能转移的主要承接地。通过实施珠三角港口一体化和错位发展战略,惠州港将重点发展原油、石油化工、煤炭、铁矿石、粮食、钢材等专业化码头,增强珠三角港口群功能,填补珠三角港口群在大型干散杂货专业码头能力的不足,提升珠三角港口群的整体能力。

综上分析,惠州港位于国家水运主通道、公路主骨架、铁路主干线等交汇处,有较强的对内、对外两个扇面的辐射作用;是珠三角地区为煤炭、石油、铁矿石、粮食等国家战略物资和外贸集装箱运输中转服务的最佳港口。因此,惠州港具备成为21世纪海上丝绸之路桥头堡的客观基础条件。

二、惠州港的劣势

要成为21世纪海上丝绸之路桥头堡,港口必须是联系对内对外两个扇面大进大出的窗口,具备为广大腹地经济全面发展服务的能力。这决定了港口应

当是以公共服务为主的物流型港口,惠州港在发展港口物流方面仍存在如下不足:一是公用码头偏少,二是固定航线偏少,三是港口配套的物流园区尚未完善,四是疏港集疏运体系和支持保障系统亟待完善。

三、对策措施

构建21世纪海上丝绸之路是国家层面的重要战略部署,是政府主导、企业演绎的一场大戏。惠州市应紧紧抓住国家战略的发展机遇,积极参与共建21世纪海上丝绸之路作为惠州市未来发展大计,把惠州市建设成为21世纪海上丝绸之路桥头堡。

(一)加快港区开发建设,提升港口吞吐能力

要打造21世纪海上丝绸之路桥头堡,首先必须扩大港口规模,提升港口的吞吐能力。惠州港要着重发展公用码头,建设物流型港口。从惠州港的三大港口布局来看,东马港区是为大亚湾滨海工业服务的货主码头港区,惠东港区由于集疏运系统和后方支撑难以形成气候,能够参与21世纪海上丝绸之路建设的唯有为公共服务的荃湾港区。惠州市要加快荃湾港区纯洲作业区的开发,结合荃湾主航道的进一步扩宽浚深,利用疏浚物回填造陆,形成纯洲作业区陆域。创新港口建设投融资模式,引进大型港口建设和经营专业机构,加快纯洲作业区整体开发,建设公用型码头泊位,为21世纪海上丝绸之路桥头堡打下坚实的硬件基础。

按规划,纯洲作业区可建设1万~15万吨级码头泊位30个,散杂货吞吐能力1.2亿吨,集装箱吞吐能力600万TEU,估计总投资350亿元。目前正在建设荃湾煤炭码头一期工程2个7万吨泊位(结构按15万吨级预留),投资25亿元,吞吐能力1500万吨;该项目二期工程增加建设1个15万吨级泊位,投资15亿元,新增吞吐能力1500万吨。下来接着加快开发纯洲作业区的其余27个泊位,预计投资310亿元。

要加快建设完善惠州港的航道锚地系统、引航服务、通信导航、海难救助、消防灭火、水电保障等支持保障系统,打造绿色、平安港口。

(二)改善口岸环境,实现口岸大通关

21世纪海上丝绸之路桥头堡必须有良好的方便快捷的通关环境,才能吸引物流和商流到惠州市发展业务。海关、边检、海事等口岸联检部门要实现

365 天 24 小时的大通关服务。惠州市要依托一类口岸，加快建设综合保税港区，对口岸查验服务功能进行聚合，形成对内对外一体化的国家物流服务新格局，为国际物流的集散和资源集聚创造条件，为产业的实质性导入提供良好的配套服务，增强惠州市在东盟及南亚地区的吸引力和集聚力。

（三）搭建对外合作平台，增强对外合作纽带

惠州市要积极引进物流企业进驻港口，建设港口物流园区，创造条件建设保税港区和保税物流园区，大力发展现代物流业。立足现代物流的发展，面向内陆和东南亚，整合惠州港口物流优势资源，形成服务陆海两端的合力，在环大亚湾新区设立 21 世纪海上丝绸之路与东南亚国家的境外合作经济区（逐步向自贸区发展）。依托深莞惠都市圈和粤湘闽赣内陆的电子、轻工、农产品等产业集群，设立商贸境外合作经济区，推进惠州市加快走向国际市场，将惠州市建设成为 21 世纪海上丝绸之路珠江东岸的国际商贸物流合作区。同时，从自身资源及基础条件出发，根据自身特色优势，通过构建境外合作经济区，内联内陆腹地生产制造企业，外邀东南亚商贸物流企业，汇集 21 世纪海上丝绸之路沿线的优质资源，有针对性地开拓东盟市场，与东盟产业形成优势互补。

（四）构建紧密畅顺的物流通道，实现带、路互联

依托惠州市发达的高速公路、铁路及港口组成的综合交通运输体系，大力发展铁水联运、水水中转，积极参与建设粤苏皖赣四省物流大通道，将我国丝绸之路经济带（欧亚大陆桥）引入到惠州，再通过惠州港跨海连接东南亚地区（海上丝绸之路），内引外连，形成“带、路互联”的内陆到海上快捷的物流大通道，使惠州市真正成为服务内陆、服务海外的 21 世纪海上丝绸之路桥头堡。惠州市要加大市（县、区）政府投资，一方面从陆上改善港口集疏运条件，加快惠大疏港高速公路、荃湾港区的进港路和疏港路、纯洲作业区疏港路南北线和东西线建设；加快惠大铁路荃湾港前站的改造、进纯洲作业区铁路支线、惠大铁路全线的技术改造和复线改造建设，以满足未来港口铁水联运的要求。另一方面，要进一步将荃湾主航道浚深至规划的 15 万吨级，打开惠州港的水路发展瓶颈。

（五）提升软环境，激发桥头堡活力

海上丝绸之路的作用主要体现在对外商贸和货物交流，除建设必要的交通设施外，惠州市还须在大亚湾建设国际贸易金融结算中心等软环境支撑基础，

以适应国际贸易的需要，促进海上丝绸之路的发展。

信息化是现代物流业发展的灵魂，惠州市要利用现代化的信息技术，发展智慧物流，建设智慧港口，提升港口运行效率和管理水平，促进港口物流业发展，打造亚太地区最开放、最便捷、最高效、最安全的物流中心。

（本文发表于惠州市政府《惠州经济》2014 年第 3 期总第 81 期工作探讨版）

建设珠三角能源物资集散中心

——惠州港要实施珠三角港口一体化和错位发展战略，重点发展原油、石油化工、煤炭等专业码头

建设21世纪海上丝绸之路，是党中央站在历史高度、着眼世界大局、面向中国和东盟合作长远发展提出的重大战略框架。这为惠州全面深化改革、扩大对外开放提供了难得的历史机遇和重大平台。市港务管理部门要按照惠州市的有关部署，把实现尽快进入珠三角第二梯队奋斗目标与融入21世纪海上丝绸之路建设紧密结合起来，发挥优势，抢抓机遇，主动作为，全面加强与沿线各国的经贸合作和人文交流，进一步提升对外开发水平。

一、惠州港建设华南地区大宗货物集散中心优势独特

通过建立海上运输通道，加强与沿岸国家紧密的经贸往来是构建21世纪海上丝绸之路的重要目的。主要体现在：一方面我国产品要走出去，另一方面国家发展所需的能源资源要运进来。特别是珠三角地区为代表的华南地区是资源缺乏地区，需要大量运进能源和生产物资，以保障生产和生活所需。惠州港在珠三角地区建设大宗散杂货码头具有独特优势，将成为珠三角能源和物资集散中心和保障基地，珠三角地区经济发展的生命线。

首先，惠州港具有优越的建港自然条件：岛屿多、掩护好、风浪小、潮差弱、回淤少、水域深、陆域宽、宜港岸线长，是珠三角港口群中唯一拥有30万吨级深水泊位的港口，是珠三角地区最适宜建设大型散杂货码头的港口。其次，惠州市具备日趋完善的水路、铁路、公路、管道和航空等综合交通运输体系，为惠州港提供便捷的集疏运系统。特别是通过铁水联运和高速公路网，惠州港腹地可扩展到珠三角地区、粤东北地区以及江西、湖南等泛珠三角地区。另外，近年来珠三角港口发展迅猛，但存在着结构性矛盾，干散货码头设施能力不足，远不能满足能源物资大宗货物进出口需求。特别是珠三角核心地区随着城市化发展，港城矛盾日益显现，港口功能将向外转移。这为惠州港发展提供难得的契机。

惠州港将通过实施珠三角港口一体化和错位发展战略,重点发展原油、石油化工、煤炭、铁矿石、粮食、钢材、木材等大型现代化专业化码头,填补珠三角港口群的功能洼地,提升珠三角港口群的整体能力。由此,惠州港将利用珠三角港口群中的独特优势,成为建设环大亚湾新区的先行者,在惠州市乃至华南地区经济发展中发挥不可或缺的作用。

二、建设21世纪海上丝绸之路桥头堡

接下来,惠州港将规划建设一批大型港口码头及港口物流园区项目,将21世纪海上丝绸之路桥头堡落到实处,主要项目有:荃湾港区国际集装箱码头、华南地区煤炭集散中心、华南地区粮油加工集散中心、华南地区木材集散中心、华南地区铁矿石集散中心、华南地区建材集散中心、惠州港保税港区、金泽海港物流园、大亚湾石化产品物流园、荃湾集装箱物流园、荃湾冷链物流园、惠州港外贸产品展示中心等。为保障上述大型码头和物流园区实施,将加快荃湾主航道扩建为15万吨级航道及纯洲作业区造陆,促进纯洲片区开发,同时还将建设为沿海航线船舶燃料油和物资保障基地。为推进惠州市加快走向国际市场,内联内陆腹地生产制造企业,外邀东南亚商贸物流企业,设立境外合作经济区,汇集21世纪海上丝绸之路沿线的优质资源,形成优势互补。

首先,努力创造良好的方便快捷的口岸通关环境,实现365天24小时的大通关服务。其次,积极引进国内外大型港航物流企业进驻港口,大力发展现代物流业。依托惠州市发达综合交通运输体系,发展铁水联运等多式联运,积极参与建设粤苏皖赣四省物流大通道,形成“带路互联”的内陆到海上快捷的物流走廊。再次,积极与国内外港口缔结友好港口,以促进港口业务发展。建设国际金融贸易结算中心,为海上丝绸之路的国际贸易提供便利的金融结算服务。最后,利用现代化的信息技术,建设智慧港口,提升港口运行效率和管理水平,保障华南地区大宗货物集散中心运行。

(本文发表于《惠州日报》2014年7月30日理论与实践版)

参考文献

[1] 黄伟宗.海上丝绸之路与海洋文化纵横论[M].广州:广东经济出版社,2014.

[2] 周宪华.公路网规划与设计[M].北京:人民交通出版社,1991.

[3] 张薰华,等.交通经济学[M].上海:上海社科院出版社,1992.

[4] 张务栋. 交通运输布局概论[M]. 上海:华东师范大学出版社,1993.

[5] 管楚度. 交通区位论及其应用[M]. 北京:人民交通出版社,2000.

[6] 李子奈,叶阿忠. 高等计量经济学[M]. 北京:清华大学出版社,2000.

[7] 刘灿齐. 现代交通规划学. [M] 北京:人民交通出版社,2001.

[8] 陆化普.城市轨道交通规划的研究与实践[M].北京:清华大学出版社,2001.

[9] 张庆贺,朱合华,庄荣.地铁与轻轨[M].北京:人民交通出版社,2002.

[10] 孟祥茹.现代物流管理[M].北京:人民交通出版社,2002.

[11] 陆化普.交通规划理论与方法[M].北京:清华大学出版社,2006.

[12] 徐文学,贾元华,邓国清,刘奕.武汉城市圈交通发展战略与对策研究[M].北京:人民交通出版社,2007.

[13] 文国玮.城市交通与道路系统规划[M].北京:清华大学出版社,2007.

[14] 杨琦.高速公路公共政策分析[M].北京:人民交通出版社,2008.

[15] 罗仁坚.中国综合运输体系理论与实践[M].北京:人民交通出版社,2009.

[16] 罗仁坚.中国都市综合运输系统[M].北京:人民交通出版社,2009.

[17] 真虹.港口管理[M].北京:人民交通出版社,2009.

[18] 全国一级建造师执业资格考试用书编写委员会.港口与航道工程管理与实务[M].北京:中国建筑工业出版社,2011,4.

[19] 章威,等.区域物流公共信息平台建设设计与实现管理[M].北京:人民交通出版社,2012.

[20] 邓焕彬.区域交通一体化理论与实践[M].北京:人民交通出版社,2012.

[21] 周平德. 珠江三角洲地区一体化交通运输网络发展构想[J]. 热带地理,2002(12).

[22] 俞勇军,陆玉麒. 交通投资与经济发展的关系及其区域效应评价方法研究[J]. 人文地理,2005(1).

[23] 龚华炜,臧晓冬. 泛珠江三角洲地区交通一体化的现状及对策[J]. 交通科技与经济,2007(4).

[24] 付菊红,许云飞. 关于交通一体化的思考[J]. 山东交通学院学报,2009(3).

[25] 沈文,李志强. 交通一体化的实施策略研究[J]. 全国商情,2009(3).

[26] 章权,陈冠雄,温惠英. 推进珠三角交通一体化发展战略研究[J]. 科技管理研究,2010(16).

[27] 刘生龙,胡鞍钢. 交通基础设施与中国区域经济一体化[J].经济研究,2011(3).

[28] 吴利金,赵国锋.广佛同城化区域交通一体化规划实践[J]. 西部交通科技,2011(4).